*Crimes contra
a criança e o adolescente*

F676c Fonseca, Antonio Cezar Lima da
Crimes contra a criança e o adolescente / Antonio Cezar Lima da Fonseca. — Porto Alegre: Livraria do Advogado, 2001.
156p.; 14x21 cm.

ISBN 85-7348-212-5

1. Estatuto da Criança e do Adolescente. 2. Direito Penal. 3. Menor: Direito Penal. I. Título.

CDU 347.64

Índices para o catálogo sistemático:

Estatuto da Criança e do Adolescente
Direito Penal
Menor: Direito Penal

(Bibliotecária responsável: Marta Roberto, CRB-10/652)

Antonio Cezar Lima da Fonseca

Crimes contra a criança e o adolescente

livraria
DO ADVOGADO
editora

Porto Alegre 2001

© Antonio Cezar Lima da Fonseca, 2001

Capa, projeto gráfico e diagramação
Livraria do Advogado Editora

Revisão
Rosane Marques Borba

Direitos desta edição reservados por
Livraria do Advogado Ltda.
Rua Riachuelo, 1338
90010-273 Porto Alegre RS
Fone/fax: 0800-51-7522
livraria@doadvogado.com.br
www.doadvogado.com.br

Impresso no Brasil / Printed in Brazil

Ao meu irmão e amigo,
Prof. Dr. Luiz Augusto Lima da Fonseca,
Advogado, Mestrando em Direito e
Professor Universitário na
PUCRS/Uruguaiana;

Aos meus amigos(as) e colegas,
membros do Ministério Público Gaúcho,
integrantes do Grupo de Estudos de
Direito de Família, Direito das Sucessões
e Direito da Infância e da Juventude,
no âmbito ministerial, que com esforço
e visível interesse de bem servir ao
público têm-se dedicado às reuniões
de estudo e de aprimoramento de
nossa atividade funcional;

Àqueles que se dedicam, com esperança,
à causa da Infância e da Juventude.

Sumário

Introdução	11
A CRIANÇA, O ADOLESCENTE E UM DIREITO PENAL	17
• Dos crimes - Arts. 225, 226 e 227	18
• Competência	21
• Ação penal	22
• Omissão de documento à gestante - Art. 228	24
• Deixar	26
o encarregado de serviço ou o dirigente de estabelecimento de atenção à saúde da gestante de manter registro das atividades desenvolvidas...	28
bem como de fornecer à parturiente ou a seu responsável, por ocasião da alta médica, declaração de nascimento...	31
Parágrafo único	33
• Omissão de identificação e de exames por ocasião do parto - Art. 229	34
• Deixar	35
o médico, enfermeiro ou dirigente de estabelecimento de atenção à saúde da gestante de identificar corretamente o neonato e a parturiente...	36
Parágrafo único	39
• Privação indevida de liberdade de criança ou adolescente - Art. 230	41
• Privar	39
a criança ou o adolescente	41
de sua liberdade	41
• procedendo à sua apreensão sem estar em flagrante de ato infracional ou inexistindo ordem escrita da autoridade judiciária competente	42
Parágrafo único	45
Jurisprudência	47
• Omissão na comunicação de apreensão de crianças e adolescentes à autoridade e a familiares - Art. 231	47
• Deixar	49

autoridade policial 50
responsável pela apreensão de criança e adolescente 51
de fazer imediata comunicação à autoridade judiciária
competente 52
e à família do apreendido ou à pessoa por ele indicada . . 53
- **Submissão de criança ou adolescente a tratamentos vexatório ou constrangedor - Art. 232** 54
- Submeter 55
criança ou adolescente sob sua autoridade, guarda ou vigilância 57
guarda 58
a vexame ou a constrangimento 58
Jurisprudência 60
- **Lei nº 9.455/97 – Sobre a tortura - Art. 233 (revogado)** . . 60
- A tortura no rol das agressões contra crianças e adolescentes 62
- O crime de tortura no ECA 64
- A tortura e crimes de maus-tratos 71
Jurisprudência 73
- **Omissão da autoridade competente na liberação imediata da criança ou do adolescente - Art. 234** 74
- Deixar 75
a autoridade competente 76
sem justa causa 79
de ordenar a imediata liberação de criança ou adolescente, tão logo tenha conhecimento da ilegalidade da apreensão . . 80
- **Descumprimento de prazo que beneficia adolescente privado de liberdade - Art. 235** 82
- Descumprir 84
- injustificadamente 84
- prazo fixado nesta lei em benefício de adolescente privado de liberdade 86
- **Embaraçamento de atividades do juiz e do promotor competentes e do conselheiro tutelar - Art. 236** 88
- Impedir ou embargar 89
a ação de autoridade judiciária 91
membro do conselho tutelar 92
ou representante do Ministério Público 93
no exercício de função prevista nesta lei 94
- **Subtração de menor do seu guardião - Art. 237** 95
- Subtrair criança ou adolescente 96
ao poder de quem o tem sob sua guarda em virtude de lei ou ordem judicial 98
com o fim de colocação em lar substituto 99

- **Promessa ou entrega de filho ou pupilo por pagamento ou recompensa - Art. 238** 101
- Prometer ou efetivar a entrega 103
- de filho ou pupilo a terceiro 104
- mediante pagamento ou recompensa 106
- Parágrafo único 106
- **Envio de crianças ou adolescentes de forma irregular ao exterior mediante pagamento - Art. 239** 107
- Promover ou auxiliar 108
- a efetivação de ato destinado ao envio de criança ou adolescente para o exterior com o fito de obter lucro 109
- **Utilização de criança ou adolescente em cena pornográfica - Art. 240** 111
- Produzir ou dirigir 113
- representação teatral, televisiva ou película cinematográfica, utilizando-se de criança ou adolescente em cena de sexo explícito ou pornográfica 115
- Parágrafo único 118
- **Fotografia ou publicação de cenas sexuais com crianças ou adolescentes - Art. 241** 119
- Fotografar ou publicar 120
- Sobre a "internet", algumas considerações 122
- cena de sexo explícito ou pornográfica envolvendo criança ou adolescente 123
- Jurisprudência 124
- **Venda ou fornecimento de arma ou explosivo para criança ou adolescente - Art. 242** 124
- Vender 125
- fornecer ainda que gratuitamente 126
- entregar, de qualquer forma 126
- a criança ou adolescente 128
- arma, munição ou explosivo 128
- **Venda ou fornecimento de substâncias tóxicas para criança ou adolescente - Art. 243** 130
- Vender 131
- fornecer ainda que gratuitamente 131
- ministrar ou entregar, de qualquer forma 131
- a criança ou adolescente 132
- sem justa causa 132
- produtos cujos componentes possam causar dependência física ou psíquica, ainda que por utilização indevida 133
- **Venda ou fornecimento de fogos de artifício a criança ou adolescente - Art. 244** 136
- Vender 138

- fornecer ainda que gratuitamente 139
- ou entregar, de qualquer forma 139
  - a criança ou adolescente 140
  - fogos de estampido ou de artifício 140
  - exceto aqueles que, pelo seu reduzido potencial, sejam .
  - incapazes de provocar qualquer dano físico em caso de . .
  - utilização indevida 141
  - Jurisprudência 142
- **Submissão de criança ou adolescente a abuso sexual - novo art. 244-A do estatuto da criança e do adolescente** . 142
- Submeter criança ou adolescente 145
  - à prostituição ou à exploração sexual 145
  - Incorrem nas mesmas penas o proprietário, o gerente ou o responsável pelo local em que se verifique a submissão de criança ou adolescente às práticas referidas no *caput* deste artigo. 148
  - Constitui efeito obrigatório da condenação a cassação da licença de localização e de funcionamento do estabelecimento 149

Bibliografia 153

Introdução

A vitimização geral da criança e do adolescente tem ocorrido desde os primórdios da Humanidade. O *Código de Hamurabi* permitia a venda e/ou a entrega de filhos e filhas em troca de dívidas do pai. Os filhos ficavam como escravos na casa do credor e só eram libertados depois de quatro anos de serviços prestados.[1]

Na Idade Média, a Inquisição admitia e permitia a violência da tortura contra crianças e idosos.[2]

Na Idade Moderna, o envio de crianças judias à morte em câmaras de gás, por soldados alemães do Reich, demonstra prática não esquecida no decorrer dos tempos.[3]

Já nos anos 90, o *Relatório Azul*, da Comissão de Cidadania e Direitos Humanos da Assembléia Legislativa do Rio Grande do Sul, mostrou-nos a atual violência que é exercida contra crianças e adolescentes.

A criança, em si, deve ser enquadrada como um ser *hipossuficiente*, ou seja, aquele que, momentaneamente, não pode ou tem dificuldades de pensar ou de defender-se por si próprio. Como tal, muitas vezes, sofre violência da família (violência familiar), da sociedade (violência social), sujeitando-se à violência oriunda do próprio Estado (violência estatal), seja pela ausência de uma atuação efetiva de proteção, seja pela ação indevida ou

---

[1] § 117 de *O Código de Hammurabi*. Trad. Emanuel Bouzon. 4ª ed. Vozes, RJ, 1987, p. 131.

[2] Consultar: *Directorium Inquisitorum*. cit. bibliografia.

[3] LEVI, Primo. *É isto um homem?*. Ed. Rocco RJ, 1988.

Crimes contra a criança e o adolescente

omissão de seus agentes nas áreas do Executivo, do Legislativo e do Judiciário. Ela sofre violência quando obrigada ao trabalho, porque oprimida pelas condições de miséria e marginalidade que, como adverte Luigi Ferrajoli, "empurram crianças para uma relação adulta com a sociedade, onde é oprimida, explorada, escravizada, violentada e até exterminada".[4]

A Psicanálise afirma que existe uma *violência da educação*, onde "o esforço de humanização de uma cria humana não se faz sem uma ação, exercida pelo adulto sobre a criança, que não seja da ordem de uma imposição, de uma injunção".[5] Mas também identifica uma *violência na educação*, que se situa no campo social. Tais espécies de violência são exercidas contra a criança de forma consentida em muitas regiões do globo.

A agressão familiar, por seu turno, raras vezes é descoberta e só com alguma dificuldade. Às vezes, há falta de testemunhas e há até omissão de pais, parentes, autoridades ou agentes da saúde pública, que preferem ver isso como um problema da intimidade da família.

O abuso sexual de crianças, a sua utilização com fins sexuais, por seu turno, surge não apenas no seio do agrupamento familiar (incesto, *v.g.*). A divulgação de pornografia infantil, p. ex., o apelo publicitário de cunho sexual, são formas de agressão à criança, onde precisamos atenção, orientação e, se necessário, punição exemplar. Por punição exemplar, entenda-se: com a movimentação de todo o aparato coibidor e preventivo da agressão, não apenas o penal, mas o técnico em geral (psicólogos, assistentes sociais, médicos, professores, etc.).

A vitimização da criança deve ser vislumbrada e tratada de forma diferente daquela dos adultos, em face de sua *condição peculiar de ser em desenvolvimento e sujeito*

---

[4] *In: Infância, Lei e Democracia na América Latina.* Edifurb, Blumenau-SC, Coord. Emilio Garcia Méndez e Mary Beloff, vol. 1, p. 2.
[5] KUPFER, Maria Cristina. "Violência da Educação ou Educação Violenta?". *Apud, Adolescência pelos caminhos da violência*, Org. Léo Levisky, Ed. Casa do Psicólogo, SP, 1998.

da proteção integral. Via de regra, os jovens (crianças e adolescentes) são aqueles que se encontram com mais freqüência na condição de vítimas de crimes. Como vítimas, por seu turno, seus depoimentos exigem extrema atenção, porque, embora os jovens sejam menos propensos a denunciar,[6] prestam também os depoimentos mais frágeis e fragilizados.

A criança e o adolescente, mesma forma, inserem-se na chamada *cifra negra* de criminalidade, tal como as pequenas comunidades, porque as agressões que sofrem são as que menos chegam aos Tribunais. A *criança-vítima*, via de regra, tem maior proximidade com seu agressor. Assim, quanto mais próxima essa relação, maior dificuldade haverá para a vítima dirigir-se às autoridades. Todavia, quando chegam notícias de agressões contra criança e adolescente, são as que mais legítima e rapidamente devem ser apuradas.

Na seara penal, distinguimos a pessoa em geral como *vítima* e como *prejudicado* pelo crime, conceitos que, embora diversos, seguidamente se confundem dentro do mesmo fato criminoso. Diz-se, em Direito Penal, que a vítima nem sempre é o prejudicado. A vítima é o sujeito passivo do crime; o prejudicado é aquele que sofre, direta ou indiretamente, as conseqüências do delito, experimentando um dano, patrimonial ou não, aos seus interesses.[7] Tais distinções, todavia, não se aplicam às crianças e aos adolescentes, porque, quando vítimas, são sempre prejudicados pelo crime.

De outra banda, vislumbra-se certa dificuldade em assegurar-se a integral reparação do dano, quando se trata da vítima criança ou adolescente. Ocorre que, como se sabe, o Direito Penal não é a solução de nenhuma das mazelas humanas, aliás, já se disse que *as leis penais não constituem o controle mais eficiente contra os*

---

[6] KAISER, Günter. *Introducción a la criminologia*, Ed. Dykinson, Madrid, 1988, p. 135.

[7] PEDROSO, Fernando de Almeida. *Direito Penal*, 3ª ed., LEUD, 2000, p. 142.

abusos contra crianças.[8] Daí, não se assegura que a irrestrita aplicação das normas penais impedirá a repetição de novas agressões. Por isso que, ao lado da natureza sancionadora da norma penal, há de existir também uma conduta educadora, para que a agressão não se repita. Afinal, "a sociedade deve se convencer de que o abuso contra menores é nocivo; um regresso ao barbarismo", como disse Edgard de Moura Bittencourt.[9]

Devemos salientar, outrossim, a relevância do papel do educador e do médico, *v.g.*, que, geralmente, são os primeiros a se defrontarem com a agressão contra crianças e adolescentes, seja pela constatação fática (em exames médicos), seja por suspeita comportamental (comportamento anormal em aula, depressões, falta de ânimo, agressividade etc.).

Reafirmamos: quando da aplicação das leis penais aos crimes contra a criança e o adolescente, não apenas o aparato repressivo de cunho penal deve ser ativado com presteza. Há necessidade de a Justiça da Infância e da Juventude estar devidamente preparada e equipada, para envolver-se integralmente com a vítima criança e adolescente, numa verdadeira *interação* de áreas – Direito Penal e Direito da Infância e da Juventude – pelo acionamento de uma verdadeira estrutura psico-sócio-educativa.

Assim, podemos afirmar que a agressividade contra crianças e adolescentes não é apenas um problema jurídico-penal, mas um grave problema social, que precisa ser enfrentado com seriedade e responsabilidade, não apenas no âmbito da família, mas nos exatos termos constitucionais, que envolvem a sociedade e o Estado.

Nossa intenção, neste livro, é apenas a de tecer comentários aos crimes previstos na Lei 8.069/90 (Estatuto da Criança e do Adolescente), acostando jurisprudência quando possível. Apenas a título de necessidade e *cum granus salis* abordamos outros crimes contra crian-

---

[8] BITTENCOURT, Edgard de Moura. *Vítima.* 3ª ed., LEUD, SP, 1987, p. 35.
[9] Idem.

ças e adolescentes previstos na órbita penal comum (Código Penal).

Se conseguirmos alguma atenção da doutrina ou de interessados no assunto, teremos atingido plenamente o nosso objetivo, que não tem qualquer pretensão de ensinamento.

O autor

Rua Fernando Osório, 460
91720-330 – Porto Alegre – RS

A criança, o adolescente e um Direito Penal

A normatização penal de proteção à criança e ao adolescente comprova aquelas *relações estreitíssimas* entre valores constitucionais e Direito Penal, de que já nos advertia Francesco Palazzo.[10]

Com efeito, se o Direito Penal *é instrumento privilegiado de política e de utilidade social,* as normas penais do Estatuto da Criança e do Adolescente apenas concretizam as disposições do art. 227 da CF, especialmente o seu § 4º: *a lei punirá severamente o abuso, a violência e a exploração sexual da criança e do adolescente.*

O Código Penal de 1940 já trazia normas de proteção às crianças e aos adolescentes: *proteção direta (v.g.* arts. 245 e 248) e *proteção indireta (v.g.,* arts. 217 e 218 ou art. 61, inc. I, *h),* bem como uma proteção também prevista em lei extravagante (Lei nº 2.252/54 – Corrupção de menores, *v.g.*), mas sempre insuficientes para coibir tal criminalidade.

O anterior Código de Menores (Lei Federal nº 6.697, de 10.10.79 e em vigor a partir de 9.2.80) não previa normas incriminadoras de proteção à criança e ao adolescente. Tal legislação, aliás, era criticada porque não trazia um rol de direitos inerentes à infância e à juventude.

A Lei Federal nº 8.069, de 13.7.90 (Estatuto da Criança e do Adolescente – ECA), todavia, trouxe um

---

[10] *In: Valores Constitucionais e Direito Penal.* Trad. Gérson Pereira dos Santos. Porto Alegre, Fabris, 1989.

Crimes contra a criança e o adolescente　　　　**17**

título (Título VII) denominado *Dos Crimes e das Infrações Administrativas* (arts. 225 e ss.), arrolando comportamento agressivos (tipos penais) contra a criança e o adolescente. Destarte, temos a *objetividade jurídica* (proteção de crianças e adolescentes) e normas incriminadoras (*tipos penais*), as quais descrevem os sujeitos ativo e passivo do crime. Então, na verdade, temos um verdadeiro Direito Penal de Proteção à Criança e ao Adolescente, que até vem sendo de certa forma ignorado pela doutrina clássica, porque não adequadamente tratado pelos penalistas.

Não nos parece equivocada a menção a um *Direito Penal de Proteção da Infância e da Juventude*, porque esta expressão pode perfeitamente ser aplicada ao conjunto de normas penais que protegem a criança e o adolescente, ou seja, ao conjunto de dispositivos penais que têm a criança e o adolescente como vitimados. Isso atualmente ocorre no âmbito dos consumidores, com o Direito Penal do Consumidor.

Nos crimes contra a criança e o adolescente temos uma normatividade própria, material e processual, digna de nossa atenção. Temos um corpo de leis e uma lei própria que os defende, uma objetividade jurídica e a descrição clara dos sujeitos do crime. Não tratamos de "Direito Penal Juvenil", ou "Direito Penal do Menor", nomenclaturas, aliás, que já foram por demais contestadas e sem o sentido aqui exposto. Na espécie, tratamos de *crimes* praticados *contra* a criança e o adolescente, cujos autores são *imputáveis, maiores de idade*. Enfim, um verdadeiro Direito Penal de Proteção à Criança e ao Adolescente.

- **Dos crimes**
Art. 225. Este Capítulo dispõe sobre crimes praticados contra a criança e o adolescente, por ação ou omissão, sem prejuízo do disposto na legislação penal.

O Título VII da Lei nº 8.069, de 13.7.90 (ECA), da Parte Especial do Livro II, trata dos *Crimes e das Infrações Administrativas*.

As normas incriminadoras estão dispostas no Capítulo I, na Seção II, em 17 artigos (228 a 244). Um dos artigos foi revogado expressamente (art. 233) pela Lei nº 9.455/97 (Lei de Tortura) e outro foi acrescido pela Lei nº 9.975, de 23.6.2000 (art. 244-A).

A Seção I do Capítulo I trata das *Disposições Gerais*, ou seja, disposições comuns, regramentos gerais e aplicáveis a essa normatividade penal especial. São apenas três artigos (arts. 225, 226 e 227), que dizem da aplicação subsidiária das normas do Código Penal e do Código de Processo Penal à espécie.

O art. 225 dispõe que estamos diante de *crimes*, e não de contravenções penais, demarcando-se, assim, o critério bipartido, a *summa divisio* das infrações penais (art. 1º da Lei de Introdução do Código Penal – Decreto-Lei nº 3.914/41). Isso significa que estamos diante de comportamentos considerados graves, cujo elemento subjetivo dos tipos penais descritos no ECA devem ser averiguados em profundidade. Há que se perquirir a intenção do agente, nas modalidades de dolo ou de culpa, *nexos essenciais entre o agente e o fato ilícito para a verificação da culpabilidade.*[11]

O dispositivo comentado indica o *sujeito passivo* principal desses crimes: *a criança e o adolescente*, cuja limitação etária compreende-se na forma do art. 2º do Estatuto: *crianças*, até doze anos de idade incompletos; *adolescentes*, até dezoito anos de idade, isto é: "criança até o dia em que se completa 12 (doze) anos de idade; adolescente, do dia em que se completa doze anos até um dia antes de se completar 18 (dezoito)".[12] Se o menor de idade tiver mais de dezoito anos e menos de 21, a proteção não se fará pela lei penal estatutária, mas pela lei penal comum.

O fato de os crimes, aqui, serem praticados contra criança, obviamente, faz com que não mais se considere

---

[11] MARQUES, José Frederico. *Tratado de Direito Penal*, vol. 1, cit. p. 30.
[12] CARVALHO, Jeferson Moreira de. *Estatuto da Criança e do Adolescente*. Manual Funcional. 2ª ed. SP, Juarez de Oliveira, p. 6.

Crimes contra a criança e o adolescente

criança (art. 61, inc. I, *h* do Código Penal) como circunstância agravante, nos fatos típicos considerados, porque criança é elementar destes tipos no ECA.

Os crimes previstos nesta Lei, ora são praticados por ação (crimes comissivos), ora por omissão (crimes omissivos). Nos crimes do Estatuto, como veremos no momento apropriado, temos muitos tipos penais omissivos próprios ou puros, com todas suas conseqüências polêmicas.

Na verdade, *nullum crimen sine actione*, ou seja, não há crime sem determinado comportamento humano contrário à ordem jurídica, já dizia Frederico Marques.[13] Viola-se a norma estatutária, portanto, através de uma ação voluntária (*facere*) ou de uma omissão (*non facere*).

Como ensinou Fragoso, a ação e a omissão são as formas básicas do fato punível. "Com a ação, transgride-se uma proibição, uma norma proibitiva; com a omissão, transgride-se uma ordem, que impõe um comportamento ativo".[14] Naquele caso (ação), teremos um crime "comissivo"; no outro (omissão), teremos um crime omissivo, que pode ser *próprio* ou *impróprio*. No ECA, temos apenas *crimes omissivos próprios*, ou puros, que serão analisados no devido momento.

A rigor, o art. 225 foi redundante, em parte, porque repetiu norma geral do art. 12 do Código Penal. Obviamente, a legislação especial só prejudica a geral quando trouxer disposição em sentido diverso. Isso significa que a legislação penal comum, quando trata da proteção a menores de idade só ficará prejudicada quando conflitante com o ECA.

Art. 226. Aplicam-se aos crimes definidos nesta lei as normas da Parte Geral do Código Penal e, quanto ao processo, as pertinentes ao Código de Processo Penal.

---

[13] Op. cit. p. 64.
[14] *In: Lições de Direito Penal*, cit. p. 150.

Art. 227. Os crimes definidos nesta lei são de ação pública incondicionada.

Como se vê, novamente, a lei não foi muito feliz, porque se o art. 225 já havia disposto que não haveria prejuízo da legislação penal, o art. 226 não precisava dispor novamente a respeito da aplicação da Parte Geral do Código Penal. De qualquer sorte, fica claro que o sistema de aplicação de penas, das agravantes, do concurso de pessoas, os efeitos da condenação, enfim, toda a normatização da Parte Geral do Código Penal (arts. 1º a 119) aplica-se aos crimes do Estatuto, naquilo que couber.

Relativamente ao processo penal, reservaram-se os arts. 226 e 227. A normatização processual do Código de Processo Penal é aplicada sem restrição. Isso implica dizer-se que são plenamente acolhidos aqueles institutos de processo penal: competência, realização de inquérito policial, fiança, provas, denúncia, assistência de acusação, rito, etc.

- **Competência**

Com relação à *competência* de processo e julgamento desses *crimes*, eles *não são julgados* pelo Juízo da Infância e da Juventude, mas sim pelos juízes de varas criminais da comarca onde se deu o fato criminoso (competência *ratione loci*). Em grau recursal, apesar de possuirmos (no RS) duas Câmaras competentes para julgamento da matéria da Infância e da Juventude (7ª e 8ª Câmaras Cíveis), a competência para estes crimes é das Câmaras Criminais, *verbis*:

"Os crimes definidos no Estatuto da Criança e da Juventude em que o menor é a vítima, não são julgados pelo Juízo da Infância e da Juventude, que somente tem competência para aplicar penalidades administrativas nos casos de infração contra norma de proteção à criança ou adolescente (art. 148, VI, do ECA). A competência para julgamento é da justiça criminal. Sentença desconstituída, processo

Crimes contra a criança e o adolescente

anulado" (Ap. Cív. TJRS, 593080674. 8ª Câm. Cível. Rel. Antonio Carlos Stangler Pereira, v. unânime.). No mesmo sentido: Ap. Cível TJRS, 595091513 e 595161795.

Não podemos deixar de criticar essa postura, aliás, já consolidada. Afinal, esses crimes revestem-se de uma natureza especial, exigindo dos lidadores com o Direito da Criança e do Adolescente uma postura diversa, um trato especial, um aparato técnico adequado que, geralmente, só os Juizados da Infância e da Juventude estão munidos. Muitas vezes, exige-se um estudo psicológico, um parecer psiquiátrico, uma análise social do caso, mesmo porque *este não termina com a imposição da pena criminal*. A pena, muitas vezes, é só o início de sério processo de acompanhamento da criança e do adolescente.

A questão da competência, claro, não se esgota por aí, porque não se pode olvidar dos demais critérios, excepcionais, da determinação de competência. Em razão da pessoa (*ratione personae*), *v.g.*, onde se aplicam as normas do Estatuto de Processo Penal. Destarte, se o crime for praticado por um Juiz de Direito ou membro do Ministério Público, a competência de julgamento é do respectivo Tribunal de Justiça.

• Ação penal

O art. 227 do ECA traz uma advertência digna de nota. Dispôs-se que a ação penal nestes crimes é *pública e incondicionada*, ou seja, exige-se a atuação de ofício das autoridades encarregadas da persecução penal. Não poderia ser diferente, afinal, *todos os direitos das crianças e dos adolescentes, sem exceção, são indisponíveis.*[15]

O Delegado de Polícia obriga-se a instaurar o inquérito; o Promotor de Justiça obriga-se a velar pela aplicação da Justiça, seja pela denúncia, seja pelo justifi-

---

[15] PAULA, Paulo Afonso Garrido de. *O Ministério Público e os Direitos da Criança e do Adolescente. Apud*, Funções Institucionais cit., p. 316.

cado pedido de arquivamento; o magistrado deve encaminhar notícia de eventual ferimento criminal a direitos da criança e do adolescente (art. 40 do CPP). Tal artigo, a rigor, *é tecnicamente despiciendo*,[16] porque nenhum dos demais artigos faz referência à representação do ofendido ou à Queixa-Crime. Destarte, não precisava *chover no molhado* a respeito da ação penal cabível.

O estabelecimento da ação penal pública incondicionada, todavia, não significa o afastamento da possibilidade de exercício de ação penal subsidiária, porque a Carta Federal (art. 5º, inc. LIX) assegura a ação privada (Queixa-crime) nos crimes de ação pública, se esta não for intentada no prazo legal. A ação penal privada subsidiária será ajuizada pelos representantes legais da criança e do adolescente no caso de o agente ministerial não cumprir os prazos para a denúncia.

Se o agente ministerial postulou e teve deferido pelo juiz o *arquivamento* do inquérito policial, descabe qualquer ação penal privada subsidiária, porque a Constituição Federal é clara quando abriga apenas a hipótese de a ação penal não ter sido ajuizada *no prazo legal*. Este prazo, como se sabe, para a atuação ministerial, é de cinco ou de quinze dias, dependendo de o indiciado estar preso ou solto, respectivamente.

Aos crimes apenados com detenção é preciso certo cuidado, porque a Lei nº 9.099, de 26.9.95, determinou que os crimes cuja pena máxima não seja superior a um ano são considerados crimes de menor potencial ofensivo (art. 61). Nesses crimes, quando processados sob a ótica da Lei dos Juizados Especiais Criminais, ter-se-á um rito próprio, permitindo-se a transação penal (art. 76), ou seja, a autoridade policial pode encaminhar o autor do fato diretamente ao Juizado, quando o Ministério Público pode propor a aplicação imediata de pena restritiva de direitos ou multa, a ser especificada em proposta.

---

[16] PONTES JR., Felício. *Estatuto da Criança e do Adolescente Comentado*, Coord. Munir Cury e Outros. 3ª ed., 2ª tir., SP, Malheiros, 2001, p. 736.

Crimes contra a criança e o adolescente   **23**

O rito da Lei nº 9.099/95 incide para o julgamento dos ilícitos dos arts. 228, parágrafo único, e 229, parágrafo único, do ECA, porque a pena privativa de liberdade em tais crimes não é superior a um ano de detenção. Note-se: há de existir obediência aos requisitos da Lei nº 9.099/95, para existir a transação, obviamente.

Os demais crimes apenados com detenção (arts. 228, *caput*; 229, *caput*; 230 e Parágrafo único; 231; 232; 234; 235; 236; 242; 243 e 244), embora não admitam a transação penal, acolhem a possibilidade de suspensão do processo penal, na forma dos arts. 89 e ss. da Lei nº 9.099/95.

Alguns tipos penais do ECA apenados com reclusão também admitem a suspensão do processo penal: arts. 238 e par. único; 240 e par. único e 241. Os demais (arts. 237, 239 e 244-A) não aceitam a aplicação da Lei nº 9.099/95, porque a pena mínima cominada é superior a um ano. Portanto, não aceitam nem o rito, nem a suspensão condicional do processo (art. 89 da Lei nº 9.099/90), ou seja, deve haver ação penal na forma dos arts. 394 e ss. do Código de Processo Penal.

As normas penais do ECA, em suma, exigem a manifestação do Ministério Público, no exercício absoluto e obrigatório da ação penal, que é pública e incondicionada.

- *Omissão de documentos à gestante*
Art. 228. Deixar o encarregado de serviço ou o dirigente de estabelecimento de atenção à saúde de gestante de manter registro das atividades desenvolvidas, na forma e prazos referidos no art. 10 desta lei, bem como de fornecer à parturiente ou a seu responsável, por ocasião da alta médica, declaração de nascimento, onde constem as intercorrências do parto e do desenvolvimento do neonato:
Pena- detenção de 6 (seis) meses a 2 (dois) anos.

Parágrafo único. Se o crime é culposo:
Pena – detenção de 2 (dois) a 6 (seis) meses, ou multa.

O Estatuto da Criança e do Adolescente, em sua política de *efetividade* dos direitos de proteção à criança e ao adolescente, impôs uma série de *deveres* a todos aqueles que se envolvam com crianças e adolescentes, sejam pessoas físicas (profissionais) ou pessoas jurídicas (estabelecimentos de saúde).

Com efeito, adotada a doutrina da *proteção integral*, a lei impôs extremos cuidados à criança, desde a fase embrionária, ou gestacional, até o final de sua adolescência. Afinal, como se lembrou em Comissão temática coordenada pela Psicóloga Eliane Michelini Marraccini: "mãe e nascituro são um só, na medida em que corpo dele está se formando no corpo dela, na medida em que um cordão físico os une e, por este, o ser que está por vir à luz realiza as funções vitais básicas".[17]

Destarte, para também garantir a efetivação desses deveres é que temos a descrição do crime em estudo.

O art. 10 e incisos da Lei nº 8.069/90 (ECA) impõe deveres aos *hospitais e aos estabelecimentos de atenção à saúde* de gestantes, públicos ou privados, porque foram *obrigados* a manter *registros* das atividades desenvolvidas junto a pacientes gestantes e neonatos. Em outras palavras: qualquer estabelecimento de saúde que mantiver serviços de atendimento a gestantes deve formar expedientes (prontuários), com histórico médico-terapêutico, que digam respeito à futura mamãe e ao seu bebê. Tais prontuários é que devem ser guardados junto ao estabelecimento de saúde pelo *prazo de dezoito anos*, por agentes que a própria norma penal identifica. Em contrapartida, às gestantes e suas crianças, surge o direito de terem pleno acesso aos registros procedidos por essas entidades.

Dentre as tarefas incumbidas a esses estabelecimentos, o legislador arrolou algumas relativas à própria *identificação da criança* (art. 10, inc. II) *e outras inerentes à sua saúde e à da gestante* (arts. 8º e §§ c/c 10, inc. III),

---

[17] *In*: Da Proteção dos filhos nos cuidados com a mãe. *Apud, Nova Realidade do Direito de Família*, IBDFAM, COAD, vol. 1, p. 82.

Crimes contra a criança e o adolescente

assegurado seu cumprimento por normas penais (arts. 228 e 229). Há de existir, *v.g.*, o registro das impressões *plantar* da criança (relativa ao pé) e *digitais*, tanto da mãe quanto da criança, sem prejuízo de outras medidas indicadas pela autoridade competente (teste do pezinho, *v.g.*) ou pela área médica.

Assim, outras atividades e exames, embora não digam respeito diretamente à identificação da criança, mas porque relativas ao período de gestação (ecografias uterinas, amniocentese, biópsias, ecocardiograma fetal, medida do colo uterino, perfil biofísico fetal, etc.), mesma forma, devem ficar anotadas nos referidos prontuários, a fim de que se tenha um *histórico da vida embrionária* da criança. Tais registros, obviamente, servirão para serem consultados ou requisitados, no caso de outros exames, ou para outros diagnósticos, que digam respeito à saúde não só da criança, mas da própria paciente gestante.

Foi feliz o legislador, embora a única ressalva que tenhamos diga respeito ao excessivo prazo de guarda dos documentos, que são *dezoito anos*, o que pode dificultar *a efetividade* da lei penal. Veja-se que o crime em estudo pode estar prescrito, abstrata ou concretamente, bem antes do transcurso desse prazo. Neste ponto, portanto, a efetividade é duvidosa.

O crime em análise também é chamado de *omissão de registro e de fornecimento de declaração de nascimento*,[18] ou omissão do registro de atividades ou do fornecimento da declaração de nascimento,[19] mas preferimos denominação mais enxuta, *omissão de documentos à gestante*, porque, ao fim e ao cabo, é isso o que ocorre.

- **Deixar**

O verbo indica que o crime do art. 228 do ECA é *omissivo puro ou omissivo próprio*. O elemento subjetivo do tipo *é o dolo*, ou seja, exige-se do agente criminoso uma vontade manifesta e deliberada em omitir-se ao

---

[18] CHAVES, Antonio. *Comentários ao ECA*. Ed. LTr, 2ª ed., 1997, p. 743.
[19] FRANCO e FELTRIN, Alberto e Sebastião. *Leis Penais Especiais*, cit. p. 372.

cumprimento de um dever estatuído no próprio ECA. Os deveres a serem cumpridos são encontrados no art. 10 e seus incisos.

Os crimes omissivos próprios, como ensina Cezar Roberto Bitencourt, "consistem numa desobediência a uma norma mandamental, norma esta que determina a prática de uma conduta, que não é realizada".[20] Na omissão, o agente comete o fato punível exatamente porque nada fez quando lhe era possível fazer; cumpre e impende ao sujeito ativo agir de terminada maneira, surgindo o crime de sua abstenção e omissão.[21] Como se diz fartamente, nas palavras de Roxin: "são crimes de dever". Na espécie, portanto, o agente criminoso não cumpre a normatização (o dever) descrita no art. 10 e incisos do ECA.

Trata-se de crime de mera conduta, onde não se faz necessário resultado naturalístico.

Como sabemos, os crimes omissivos próprios trazem certa problemática à doutrina, especialmente no tocante à culpa, como veremos adiante.

O crime analisado se *consuma* no momento em que o agente deixa de realizar o dever que lhe foi indicado na norma, isto é, o agente deixa de manter o registro daquilo que foi procedido pelo corpo médico. Note-se: manter o registro não significa apenas a sua guarda, mas também mantê-lo integralmente e pronto para ser consultado ou entregue a quem o solicitar.

Com relação à *tentativa*, *v.g.*, tem-se que não há crime tentado nos crimes omissivos puros, em face de serem unissubsistentes (não há cisão do processo executivo).

Relativamente ao *concurso de pessoas*, mesma forma, parte da doutrina entende inviável a existência de concurso em crimes omissivos. Ocorre que os crimes omissivos puros exigem certa especialização dos sujeitos,

---

[20] *In: Manual de Direito Penal.* vol. 1. Parte Geral. SP, Saraiva, 2000, p. 170.
[21] PEDROSO, Fernando de Almeida. *Direito Penal.* 3ª ed. SP, LEUD, 2000, p. 110.

Crimes contra a criança e o adolescente

isto é, os autores devem estar em certa posição diante da situação fática. Como ensina Juarez Tavares,[22] "não é qualquer pessoa que pode ser colocada na posição do omitente". No caso, apenas o encarregado de serviço e o dirigente do estabelecimento hospitalar podem ser denunciados pela omissão. Pode ocorrer de ambos dolosamente "combinarem" de não guardar os documentos. Não haverá co-autoria, sendo que cada qual responderá pela omissão individual.

- **o encarregado de serviço ou o dirigente de estabelecimento de atenção à saúde da gestante de manter registro das atividades desenvolvidas, na forma e prazo referidos no art. 10 desta lei.**

Sujeito ativo de um crime "é o sujeito de uma conduta que a lei considera delituosa".[23] É noção abstrata que não se confunde com o autor de um delito. O sujeito ativo está em legitimação geral para a prática do crime; o autor está em posição especial a determinado crime, como doutrina Frederico Marques.

Antes de instaurada a ação penal, durante o inquérito policial, o sujeito ativo ou agente do crime é chamado de *indiciado*; após o recebimento da denúncia, ele passa a ser chamado de réu, acusado ou denunciado.

No crime em análise, estamos diante de um *crime próprio*. Os crimes próprios, como doutrinava o saudoso Heleno Fragoso, "são todos aqueles em que se apresentam como elementos constitutivos qualidades, estados, condições e situações do sujeito ativo, de forma explícita ou implícita".[24] Assim, só o *encarregado de serviço* ou o *dirigente de estabelecimento* de atenção à saúde da gestante podem ser sujeitos ativos deste crime.

---

[22] *In: As controvérsias em torno dos crimes omissivos.* Ed. ILACP, 1996, p. 85.
[23] MARQUES, José Frederico. *Tratado de Direito Penal,* p. 30.
[24] *In: Lições de Direito Penal,* Parte Geral, RJ, Forense, 1995, p. 270.

Pode existir alguma dificuldade para identificar-se o encarregado de serviço, seja porque nem todas as entidades o possuem, ou porque não estão plenamente identificados formalmente.

Entende-se por *encarregado de serviço* aquele (a) profissional a quem se incumbe a tarefa (a atividade) de manter guardados os registros acerca das pacientes gestantes tratadas naquele estabelecimento de saúde. Não precisa ser um profissional médico ou enfermeiro, podendo ser mero funcionário administrativo, desde que tenha essa incumbência de *guarda* dos documentos, que não se confunde com a emissão deles, obviamente. Na inexistência deste encarregado no estabelecimento hospitalar, responderá o *dirigente do estabelecimento,*[25] uma vez que *alguém* deve responsabilizar-se pela manutenção de tais registros. Assim, se o dirigente não for o próprio encarregado de serviço, aconselhamos que determine formalmente a incumbência dessa atividade a quem a tiver, até pela emissão de uma Ordem de Serviço, *v.g.,* sob pena de ser responsabilizado pela omissão.

O *dirigente de estabelecimento,* às vezes, é um(a) profissional da área da saúde (médico ou enfermeiro), ou um administrador de empresas, desimporta, porque basta a *atividade* de dirigente do corpo administrativo do estabelecimento. Entende-se por *dirigente,* portanto, aquele que gerencia, que tem sob sua autoridade um corpo de funcionários e que, via de regra, responde juridicamente pela instituição perante terceiros. A lei o incumbe da guarda, que só será afastada se no estabelecimento houver outra pessoa encarregada de tal tarefa (encarregado de serviço). A identificação adequada desse dirigente exige que se traga prova da ocupação nominal do cargo (juntada de ata ou estatuto do estabelecimento com o nome do indiciado), o que deve ser providenciado pelo Ministério Público.

---

[25] No mesmo sentido: ELIAS, Roberto João. *Comentários, cit.,* p. 203.

Crimes contra a criança e o adolescente

Parece-nos que não existe grande dificuldade na identificação do que seja *estabelecimentos de atendimento à saúde da gestante*, porque pode ser um hospital ou clínica de maternidade, pública ou privada, desde que preste atendimento médico à paciente gestante, no período do pré e/ou do pós-natal. Esse atendimento pode ser apenas psicológico, mas desde que dirigido à gestante.

A lei refere que os registros devem ser mantidos em "prontuários", mas não disciplina a forma pela qual podem ser "arquivados". Com a utilização da informática, é possível o arquivamento de prontuários em disquetes ou CD-ROM. Os prontuários também podem ser mantidos em arquivos ou sob processos, enfim, desde que se preste ao fim colimado, que é a eventual consulta por interessados.

Tais arquivos, por seu turno, podem ser consultados (a) sob solicitação da própria gestante, (b) do responsável pela gestante, (c) por profissionais da área médica, bem como (d) requisitados por autoridades de saúde ou da área da infância e da juventude. A autoridade fiscalizadora sanitária (e), também, pode exigir vista de tais registros. Na eventual ausência dos registros, tal fato deve ser informado à autoridade policial ou ao Ministério Público, para a realização do competente inquérito policial. A comunicação deve ser feita através de um auto de constatação da ausência dos mesmos junto à entidade de saúde, firmado pelo responsável pela informação. Essa forma auxiliará a autoridade na instrução do inquérito policial respectivo.

Segundo a lei, os registros devem ser guardados pelo prazo de dezoito anos (art. 10, inc. I do ECA), o que nos parece excessivo, pelas razões que mencionamos ao início deste.

Na hipótese em estudo, como observam Alberto Silva Franco e Sebastião Feltrin, não é relevante que o parto tenha ou não ocorrido no estabelecimento de atenção à saúde da gestante,[26] porque os registros da-

---

[26] Leis Penais Especiais, SP, RT, p. 372.

quilo que ocorreu "naquele" estabelecimento ali devem estar mantidos em arquivo.

- **bem como de fornecer à parturiente ou a seu responsável, por ocasião da alta médica, declaração de nascimento, onde constem as intercorrências do parto e do desenvolvimento do neonato.**

Como vimos, o crime em questão está previsto em *duas condutas distintas*, consumando-se, individualmente, cada uma delas. *Numa* omissão, o encarregado/dirigente não mantém consigo os registros, seja da paciente grávida, seja da parturiente; *na outra*, o encarregado/dirigente deixa de entregar tais documentos à parturiente ou a seu responsável, apenas por ocasião do parto. A violação das duas condutas, porém, não significa que tenha ocorrido dois crimes.

A não-entrega dos documentos à parturiente, assim como a omissão na guarda, pode decorrer de não terem sido realizados os exames determinados pelo art. 10 do ECA. Neste caso, é de se verificar não só a responsabilidade do encarregado/dirigente, mas a responsabilidade do médico ou do enfermeiro, nos termos do art. 229 da Lei, afinal, o encarregado não poderia guardar aquilo que não foi realizado.

A entrega dos documentos a destempo, depois da alta médica, quando a parturiente já saiu do hospital, não pode sanar o comportamento omissivo anterior, porque o crime já está consumado.

Na segunda conduta, o agente *deixa de entregar os documentos à parturiente* que tenha *alta médica*. Exige-se, portanto, que o parto tenha ocorrido no próprio estabelecimento, sob pena de existir a responsabilidade penal pelo fato de outrem.

No momento em que o agente se omite nessa entrega é que *o crime se consuma*, ou seja, quando a parturiente *sai do hospital* (pela alta médica), e o agente do crime não entrega os documentos a ela ou a seu

Crimes contra a criança e o adolescente

responsável, se for menor de idade ou incapaz. Não é preciso que a parturiente solicite tais documentos, porque são de entrega obrigatória.

Claro, pode ocorrer de o encarregado ter consigo os documentos ou exames do art. 10, mas, por esquecimento, ou mesmo dolosamente, deixar de entregá-los. No primeiro caso (esquecimento), responderá pelo crime culposo, porque foi negligente com seu dever. No segundo, não entrega por pura omissão, o crime é doloso. Em ambos os casos, há que estar presente *a alta médica*, porque elemento do crime, afinal, se a gestante *fugir* do estabelecimento de saúde (abandonando o filho, *v.g.*), não há crime a perseguir. Alta médica é a liberação de paciente internado em estabelecimento de saúde. A acusação, portanto, deve *provar* que havia a alta médica, através da competente liberação do facultativo, sob pena de não se configurar elemento do tipo e o crime inexistir.

Como sabemos, o médico responsável pelo atendimento da criança recém-nascida, ou um funcionário especializado, deve preencher um documento por ocasião do parto: a *declaração de nascido vivo. O documento é* emitido em três vias, sendo que uma delas deve ser entregue à parturiente. Nessa declaração é possível anotar-se as intercorrências do parto, mas nada impede que documento paralelo seja emitido e entregue à gestante. Uma das vias da declaração, obviamente, é acostada ao prontuário que fica guardado no estabelecimento de saúde. Cumpre, portanto, ao encarregado de serviço ou ao dirigente do estabelecimento manterem uma severa vigilância quando da entrega desses documentos à parturiente, até captando a assinatura pelo seu recebimento. Com esse documento é que os genitores providenciarão o registro civil da criança, porque nele estão anotados os dados principais acerca do nascimento (dia, hora, local, sexo, etc.). Vejam-se, a propósito, comentários ao art. 229.

Sujeito passivo do crime é o titular do bem jurídico penalmente tutelado atingido.[27] No caso, num primeiro momento, o Estado figura como sujeito passivo genérico, e a gestante (incluída a parturiente), o neonato ou a criança figuram como sujeitos passivos imediatos.

A *objetividade jurídica*, o bem jurídico penalmente protegido, é a saúde da gestante, do neonato ou da criança.

Parágrafo único. Se o crime é culposo:
Pena – detenção de 2 (dois) a 6 (seis) meses, ou multa.

Estamos diante de crime culposo. No crime culposo, o agente não quer o resultado, mas o causa por negligência, imprudência ou imperícia (art. 18, inc. II, do CP). Na espécie, dá-se a culpa pela negligência, que é a mais ocorrente para os tipos omissivos próprios.

O crime é de *menor potencial ofensivo*, porque a pena é inferior a um ano. Destarte, aplica-se amplamente a Lei nº 9.099/95, ou seja, o rito é aquele dos Juizados Especiais Criminais.

Existe certa polêmica a respeito da possibilidade ou não da ocorrência de crime culposo nos crimes omissivos próprios, porque estes são crimes de mera conduta, de perigo abstrato, sendo que a culpa exige um perigo concreto. Tal polêmica não tem razão de ser neste caso. Veja-se o exemplo seguinte: o encarregado do serviço foi viajar e "esqueceu-se" de entregar a declaração à parturiente. Obviamente, agiu com *negligência* e pode ser punido penalmente, porque descumpriu um dever legal que lhe era previamente imposto. O prejuízo da criança não precisa ser constatado, porque a lei já presume o ato do agente como ofensivo ou lesivo à criança ou neonato.

---

[27] PEDROSO, Fernando de Almeida, *op. cit.* p. 137.

Crimes contra a criança e o adolescente

- **Omissão de identificação e de exames por ocasião do parto.**

Art. 229 – Deixar o médico, enfermeiro ou dirigente de estabelecimento de atenção à saúde da gestante de identificar corretamente o neonato e a parturiente , por ocasião do parto, bem como deixar de proceder aos exames referidos no art. 10 desta lei.

Pena – detenção de 6 (seis) meses a 2 (dois) anos.

Parágrafo único. Se o crime é culposo:

Pena – detenção de 2 (dois) a 6 (seis) meses, ou multa.

Como já afirmamos anteriormente, a lei estatutária prevê direitos à gestante (parturiente) e ao neonato, dentre eles, *a declaração de nascimento e os exames médicos indispensáveis na gestante e no neonato* (art. 10, incs. II e III, do ECA).

A declaração de nascimento é um dos elementos primordiais na identificação do recém-nascido, sendo que a falta de exames adequados nas fases pré, peri e pós-natal, pode ser causa de inúmeras deficiências, física ou mental, bem como de doenças congênitas em milhares de crianças. Tudo isso pode ser evitado se bem conduzidos os tratamentos identificados pelos exames médicos realizados nessas fases de vida da criança (*rectius*: feto).

Com efeito, a vigilância e o cuidado à criança se impõem desde a fase embrionária, porque "desde a concepção até o nascimento o organismo humano põe em curso um extraordinário projeto genético que se inicia com uma única célula e nove meses depois, isto é, ao nascimento, já existem cerca de 2 bilhões de células altamente diferenciadas e organizadas".[28]

O crime analisado traz duas omissões pelo médico, enfermeiro ou dirigente de estabelecimento, que podem ou não ocorrer concomitantemente. Na primeira, o mé-

---

[28] AZEVEDO, Eliane Elisa de Souza e. *O direito de vir a ser após o nascimento.* EDIPUCRS, 2000, p. 71.

dico, o enfermeiro ou o dirigente do estabelecimento não identifica corretamente a criança recém-nascida; na segunda, não realiza os exames disciplinados no art. 10, isto é, não colhe impressões digitais e plantar e/ou não realiza os exames de anormalidades no metabolismo da criança. Isso precisa ser bem compreendido, no entanto.

À primeira vista, tem-se a impressão de que o crime exige uma *omissão dúplice*, ou seja, que além de o agente do crime omitir-se na identificação da criança (o médico ou o enfermeiro), deve também omitir-se na realização dos exames obrigatórios do art. 10, inc. III. Não é assim, entretanto. Ocorre que tais condutas se originam de *deveres separados*, ou seja, o estabelecimento, na figura de seus agentes, obviamente, deve identificar o recém-nascido (inc. II) e também deve proceder a exames de metabolismo (inc. IV). Essas são as suas obrigações. Então, se o profissional do estabelecimento não cumpre *um* desses deveres, há incidência do tipo em questão, porque desobedecida a norma-comando do art. 10.

O crime é também conhecido por *não-identificação de neonato e da parturiente*,[29] por *omissão de identificação do neonato e da parturiente ou de exames necessários*.[30] Utilizamos omissão de identificação e de exames por ocasião do parto.

• **Deixar**

Como no artigo anterior, *deixar* é não realizar, não fazer, não cumprir um dever previamente imposto por norma anterior ou na própria norma prevista. Na espécie, o agente ativo, por ocasião do parto, seja com dolo ou culpa, não se preocupa em identificar corretamente o neonato, seja porque não realizou os exames determinados na lei, seja porque, embora os tenha realizado, não providenciou na devida identificação do recém-nascido ainda no berçário.

---

[29] CHAVES, Antonio. *Comentários ao Estatuto*, SP, Atlas, 1997, p. 744.
[30] FRANCO e FELTRIN. *Leis Penais Especiais*, cit. p. 373.

Crimes contra a criança e o adolescente

O verbo indica que, assim como no artigo anterior, o crime é omissivo, sendo também *um crime próprio*. Repetimos, com Nelson Hungria, que se entende por "crime próprio, aqueles que pressupõem no agente uma particular qualidade ou condição pessoal".[31] Destarte, apenas o médico, o enfermeiro ou o dirigente do estabelecimento de atenção à saúde da gestante podem ser *sujeitos ativos do crime*.

- **o médico, enfermeiro ou dirigente de estabelecimento de atenção à saúde da gestante de identificar corretamente o neonato e a parturiente, por ocasião do parto, bem como deixar de proceder aos exames referidos no art. 10 desta lei**

O cerne do dispositivo é a preocupação do legislador na correta identificação do recém-nascido e na realização de exames médicos obrigatórios à saúde da criança.

Como já afirmamos, compete a todos (médico, enfermeiro, encarregado de serviço e dirigente do estabelecimento), velar não apenas pela correta identificação do recém-nascido, o que evita o grave problema da troca de bebês, por ocasião do parto, mas também velar pela sua saúde.

Essa preocupação do legislador fica clara, quando se impôs aos estabelecimentos de saúde e maternidade a identificação correta do recém-nascido, pela colheita das impressões digitais e plantar da criança. Isso porque são presentes inúmeros exemplos de troca de bebês na maternidade ou de dificuldade em sua identificação posterior. É isso a que a norma visou evitar.

Um dos *agentes ativos do crime*, portanto, é o Médico. *Médico* é aquele diplomado (formado) em Medicina, é o dito *facultativo*, pelo que na expressão não se compreende o estudante de medicina. Todavia, compreende-se o dito *médico residente*, que é aquele profissional

---

[31] *In: Comentários ao Código Penal*, Vol. I, T. II, RJ, Forense, 1983, p. 40.

36   *Antonio Cezar Lima da Fonseca*

que, embora esteja no estabelecimento de saúde no aperfeiçoamento de seus estudos, é médico. *Enfermeiro*, por seu turno, não é o atendente, auxiliar de enfermagem ou algo parecido, mas sim o profissional que tem o curso superior de Enfermagem e está assim habilitado, uma profissão de nível superior e regulada por lei.

É necessário muito cuidado na realização de inquérito policial neste crime, porque nem sempre é o enfermeiro o encarregado de realizar os exames. O enfermeiro pode colher o material, mas a responsabilidade pode ser apenas do médico. Nem mesmo o mero encaminhamento do material colhido a laboratórios exime aquele que colhe o material da responsabilidade, porque persiste a obrigação de "efetivar" os exames.

Pode suceder de o médico/enfermeiro realizar os exames e não entregar o resultado à gestante. Neste caso, quando da alta médica, responderá o encarregado de serviço/dirigente pelo fato dessa omissão de entrega (art. 228), mas aqueles responderão pelo art. 229 do ECA.

Como se vê, o sistema impôs um *controle*, uma responsabilidade de vigilância acerca desses exames procedidos na gestante e no recém-nascido.

Não nos parece tenha sido feliz a norma quando dispôs que o *dirigente do estabelecimento* de saúde possa ser sujeito ativo deste crime. Ocorre que o artigo exige que a omissão se dê *por ocasião do parto*. Ora, é comezinho, na *ocasião do parto*, dificilmente, se encontra o dirigente do estabelecimento, até porque se encontra administrando o estabelecimento, eis que, às vezes, nem médico é. Claro, se o dirigente se envolver na tarefa de identificação da criança pode ser responsabilizado e isso vai depender de caso a caso. Tem-se a impressão de que o legislador quis punir alguém, de qualquer modo, fazendo com que haja participação na omissão de outrem, o que é penalmente indevido. Não vemos sucesso nesta forma de previsão, porque, via de regra, o dirigente não poderá responder por uma omissão da qual não

Crimes contra a criança e o adolescente

participa. Às vezes, a alta médica é procedida por funcionários administrativos, que não são dirigentes do estabelecimento.

A responsabilidade do dirigente, ao que nos parece, já está prevista no artigo anterior. Afinal, *por ocasião da alta* (art. 228), aí sim, o dirigente pode incidir na omissão de não entregar os documentos à parturiente, dentre eles, aquele relativo à identificação do neonato. Nesta hipótese é que fica bem clara a responsabilidade do dirigente. Daí por que, como anota Paulo Lúcio Nogueira,[32] o aconselhável é que o dirigente do estabelecimento determine (por ordem de serviço ou Portaria) o nome dos médicos ou enfermeiros responsáveis pela identificação dos recém-nascidos e pela realização dos exames exigidos pela lei. Isso afastaria a responsabilidade penal do dirigente e demarcaria com precisão os nomes do(s) médico(s) ou do enfermeiro responsável.

O crime pode ser punido a título de dolo ou de culpa, isto é, quando o médico ou o enfermeiro não querem e nem se preocupam com a correta identificação da criança, ou, de qualquer modo se omitem, por negligência, na ocasião do parto.

Estabelecimento de atenção à saúde da gestante já foi tratado no artigo anterior, mas aqui ratificamos o que foi escrito.

O crime é omissivo puro e não admite a *tentativa*.

Não há concurso de pessoas, podendo o médico e o enfermeiro, se ambos participaram da omissão em causa, ser denunciados de forma autônoma, por crimes individuais.

Como no artigo anterior, *sujeitos passivos* do crime são a parturiente e o neonato.

Diverge o artigo em comento do anterior, porque naquele (art. 228) a responsabilidade não é exatamente do médico ou do enfermeiro, embora o fim protetivo da

---

[32] *In: Estatuto Anotado*, SP, Saraiva, 1996, p. 343.

norma seja semelhante. Naquele dispositivo penal (art. 228) há omissão de registro, de escrita, porque o encarregado de escrever não escreve, porque o responsável pela guarda não guarda; naquele, há omissão de entrega, porque o encarregado de entregar não entrega por ocasião da alta. Neste dispositivo, omite-se a tarefa de identificação ou omite-se na realização de exames, tudo em prejuízo da criança e da parturiente. No dispositivo anterior, a omissão dá-se *por ocasião da alta* médica; neste, *por ocasião do parto*.

Parágrafo único. Se o crime é culposo.
Pena – detenção de 02 (dois) a 06 (seis) meses, ou multa.

Como no artigo anterior, prevê-se a forma culposa. Já dissemos o que é crime culposo no dispositivo anterior.

Aqui, também, pode dar-se a culpa na modalidade de negligência, que ocorre quando o profissional médico deixa para o enfermeiro, e este não realiza o exame de identificação, por qualquer motivo. Também, no caso de eventual "esquecimento" na colheita do material, seja pelo enfermeiro ou pelo médico, ou na falha de vigilância a respeito dos resultados dos exames.

Da mesma forma, pode dar-se a modalidade de imperícia, quando o enfermeiro ou o médico não obtêm sucesso na colheita de material, por isso deixando de realizá-los.

Na fase da identificação do recém-nascido também pode surgir a negligência, quando não se apõe qualquer forma de identificação no neonato por mero esquecimento ou desídia.

O crime culposo analisado é considerado crime de menor potencial ofensivo, pelo que se submete ao julgamento do Juizado Especial Criminal, nada impedindo que se faça um inquérito policial, o que até é recomendável.

Crimes contra a criança e o adolescente

- **Privação indevida de liberdade de criança ou adolescente.**
Art. 230. Privar a criança ou o adolescente de sua liberdade, procedendo à sua apreensão sem estar em flagrante de ato infracional ou inexistindo ordem escrita da autoridade judiciária competente:
Pena – detenção de 6 (seis) meses a 2 (dois) anos.

Parágrafo único. Incide na mesma pena aquele que procede à apreensão sem observância das formalidades legais.

A restrição da liberdade de locomoção de qualquer pessoa só pode dar-se dentro do regramento maior da Constituição Federal e da disposição linear da legislação comum, porque a liberdade é a regra e a prisão é exceção, como se diz alhures. A privação da liberdade deve obediência ao seguinte norte: em flagrante delito ou por ordem escrita da autoridade competente.

A norma penal em estudo gira ao redor do direito de ir e vir da criança e do adolescente, do direito de liberdade, afinal, apreender uma criança ou adolescente sem o flagrante ou a ordem escrita da autoridade judiciária competente *é uma violência.*[33] O direito de ir e vir, por seu turno, insere-se no direito de locomoção, que, como se disse, é um dos aspectos do direito de liberdade. A criança e o adolescente têm direito ao bem *liberdade*, nos seus inúmeros aspectos, como dispõe o art. 15 do ECA. Obviamente, "a liberdade física de locomoção não quer dizer que se tem de deixar a pessoa legalmente considerada hipossuficiente ao deus-dará, perambulando à toa, vida errante, sem rumo, sem ponto de destino", como advertiu José de Farias Tavares.[34]

O crime ora analisado tem o *nomen juris* de "privação de liberdade de criança ou adolescente",[35] ou "privação de liberdade de criança ou adolescente fora dos casos permitidos ou sem observância das formalidades legais".[36]

---

[33] ELIAS, Roberto João. *Op. cit.*, p. 204.
[34] *In: Direito da Infância e da Juventude*, BH, Del Rey, 2001, p. 125.
[35] CHAVES, Antonio. *Op. Cit.* p. 745.
[36] FRANCO e FELTRIN, *Leis Penais Especiais*, cit. p. 373.

Este crime é comissivo e doloso, ou seja, exige um atuar positivo do agente ativo, no sentido de retirar do sujeito passivo (criança ou adolescente) a sua liberdade de ir e vir ou de estar.

- **Privar**
O verbo *privar* significa *tirar algo de alguém*, é suprimir, despojar, retirar, arrebatar. Na espécie, priva-se a liberdade de ir e vir da criança ou do adolescente. Tem o mesmo sentido de subtrair, de subtração, mas não se confunde com o crime de subtração de incapazes (art. 249 do CP), como veremos.
Via de regra, a privação de liberdade é crime de caráter permanente, ou seja, causa uma situação danosa ou perigosa que se prolonga no tempo.[37] Mas a privação temporária é possível e pode dar causa ao crime em análise.

- **a criança ou o adolescente**
São os *sujeitos passivos* do crime, que sofrem o ataque ao bem liberdade, ao direito de ir e vir.
A privação de liberdade a que se refere o artigo em comento diz respeito apenas à criança e ao adolescente. Entende-se por *criança* a pessoa até doze anos de idade incompletos, porque se tiver de doze até dezoito anos de idade já será *adolescente* (art. 2º da Lei 8.069/90).
É preciso observar-se que a restrição do direito de ir e vir de outra pessoa, com idade igual ou superior a dezoito anos de idade, pode configurar outros crimes (art. 148 do CP, *v.g.*) e não o sob comento.

- **de sua liberdade**
O direito de liberdade é garantido constitucionalmente a todos os cidadãos brasileiros (art. 5º, *caput*, CF). O direito de ir e vir é apenas um dos aspectos desse direito de liberdade *lato sensu*, mas também é garantido pela Constituição Federal (art. 5º, inc. XV, CF), a qual

---

[37] JESUS, Damásio de. *Direito Penal*, vol. 1, p. 194.

Crimes contra a criança e o adolescente

concede remédio próprio para assegurá-lo (art. 5º, LXVIII, CF).

Para a criança e o adolescente, mesma forma, a Carta Maior assegura, prioritariamente, o direito à liberdade (art. 227, *caput*, CF), sendo que a lei ordinária lhes assegura esse direito de ir, vir e estar nos logradouros públicos e espaços comunitários (art. 16, inc. I, ECA). A liberdade de ir e vir da criança e do adolescente, portanto, é a *objetividade jurídica* no tipo em análise.

- **procedendo à sua apreensão sem estar em flagrante de ato infracional ou inexistindo ordem escrita da autoridade judiciária competente.**

Como se vê, a conduta criminosa do *caput* pode dar-se por duas formas: 1) procede-se à apreensão da criança ou do adolescente sem que haja flagrante de ato infracional ou 2) priva-se o adolescente de liberdade sem que haja ordem escrita da autoridade judiciária competente. A violação das duas condutas não configura dois crimes, mas um crime único.

O crime dirige-se àquele que apreende, e não àquele que emite a ordem de apreensão, obviamente.

O dispositivo não traz uma redação muito técnica, porque refere-se à *apreensão* de criança. *Apreensão* não tem apenas o sentido de "pegar algo ou alguma coisa". Na lei, é o termo que substitui o vocábulo "prisão". À luz da norma estatutária da criança e do adolescente não se escreve *auto de prisão em flagrante*, mas *Auto de Apreensão em flagrante*, como se nota pelos arts. 173, inc. I, 175 e 176, todos do ECA, porque se teve em mira a abolição de expressões estigmatizantes. Por outro lado, *a criança* não pode ser "apreendida" em flagrante de ato infracional,[38] porque este diz respeito apenas ao *adolescente*. O adolescente é que é o *aprendido* em flagrante de ato infracional, mas será, desde logo, encaminhado à autoridade policial competente (art. 172, ECA). A criança, porém, é apenas *encaminhada*, sem flagrante, desde logo, à autoridade

---

[38] Nesse sentido: Roberto João Elias, *op. cit.* p. 84.

judiciária competente, para a aplicação de outras medidas (art. 105, ECA), que só são medidas de cunho sócio-educativo em sentido lato (arts. 112 e ss. do ECA).

Vislumbra-se que o *sujeito ativo* desse crime pode ser *qualquer pessoa*, não se negando, porém, estejam mais sujeitos ao crime os agentes do Estado, para os quais a lei reservou outros tipos (arts. 231 ou 234). Na verdade, a conduta de privação da liberdade de alguém, desde que no regramento legal, pode ser realizada por qualquer pessoa e contra qualquer pessoa.

Em se tratando de agente ativo do crime um membro de Conselho Tutelar, ao delito pode ser agregada a agravante do art. 61, inc. II, alínea *g* do C.Penal.

O *flagrante* é o retrato do ato infracional, é o fato ilícito em sua dinâmica atual. É o ato infracional que está ocorrendo ou que acabou de ocorrer.

Para crianças e adolescentes, devemos evitar as expressões *crime* ou *contravenção*. Apenas os adolescentes praticam "ato infracional". Como sabemos, *considera-se ato infracional a conduta descrita como crime ou contravenção penal* (art. 103, ECA). Temos visto, seguidamente, sérios equívocos em algumas manifestações jurídicas, até em sentenças, no sentido de que o adolescente teria praticado um "grave crime", impondo-se-lhe a "pena". Isso deve ser evitado, porque para o crime temos a pena, mas para o ato infracional tem-se a medida sócio-educativa. Na prática, lamentavelmente, os estabelecimentos que abrigam adolescentes funcionam quase como verdadeiros presídios.

A apreensão de criança ou adolescente exige *ordem da autoridade*. *Ordem* é um comando oriundo de uma pessoa, que no caso, deve ser uma autoridade, isto é, com um poder de comando administrativo ou poder de polícia. Exige-se, ainda, que a autoridade, além de judiciária, seja *competente*, ou seja, não apenas do Poder Judiciário Estadual (judiciária), mas um Juiz da Infância e da Juventude ou da Vara de Família, desde que esteja no exercício de jurisdição relativa a criança ou adoles-

Crimes contra a criança e o adolescente

cente. Na prática, isso significa que um Desembargador não pode determinar à Secretaria da Câmara seja emitida uma "ordem de apreensão" (mandado) de uma criança ou adolescente, porque tal ordem será ilegal, mesmo se oriunda de julgamento da Câmara. Depois do julgamento da Corte, a requisição de apreensão deve ser encaminhada por ofício ao Juiz de Direito, que é o magistrado competente a *determinar* a apreensão (art. 146 do ECA). O magistrado, por seu turno, está obrigado a fazer cumprir a solicitação da Corte, sob pena do crime de prevaricação.

Além disso, exige-se que seja uma *ordem escrita*, e, obviamente, fundamentada pela autoridade competente (art. 106, ECA), o que afasta a mera manifestação verbal de apreensão, mesmo que seja oriunda da autoridade competente. Afasta-se, portanto, o simples mandado de apreensão desacompanhado da sua fundamentação, porque fundamentar não é apenas indicar artigos de lei, e sim dizer as razões pelas quais determina-se a apreensão. Neste caso, se a ordem de apreensão não estiver fundamentada, e o agente se negar a cumpri-la, pode não incidir em crime.

Se a criança ou o adolescente forem *apreendidos* sem a ordem escrita e fundamentada da autoridade, mesmo que esta seja competente, caberá *habeas corpus*.

O Delegado de Polícia, o membro do Conselho Tutelar, ou o agente ministerial, obviamente, não podem emitir ordem escrita de apreensão de criança ou adolescente. Se o fizerem, podem estar incursos em crime de abuso de autoridade, no crime de exercício arbitrário ou abuso de poder (art. 350 do CP) ou até usurpando função pública (art. 328 do CP). O que não se pode permitir é que a criança e o adolescente sejam molestados indevidamente não só por autoridade competente, mas também por *autoridades incompetentes*.

Como se disse, é possível plenamente o *concurso de crimes*. Com efeito, com uma conduta o agente pode estar incurso em outros crimes. Veja-se o caso de um

Delegado de Polícia ou membro do Ministério Público, que indevidamente apreendam qualquer adolescente. Obviamente, estão ferindo não só a norma em estudo, como estão agindo com abuso de autoridade (Lei 4.898). Nem se olvide o ferimento de norma administrativo-disciplinar, o que pode ser apurado independentemente do resultado de eventual processo penal, como é sabido.

Tem-se dito que a norma em questão teria revogado, nesse ponto, o crime de abuso de autoridade.[39] Não concordamos, porque as objetividades jurídicas são diversas. Nos crimes de abuso de autoridade, a objetividade jurídica é o regular funcionamento da Administração Pública e a proteção dos direitos do cidadão, direitos da cidadania;[40] neste crime é a proteção da liberdade da criança ou do adolescente. Não tem sentido um servidor público, que tem o dever de conhecer a lei sobre a qual oficia, ser beneficiado ao praticar crime contra uma criança, pelo afastamento de normas penais que dizem respeito a objetividades jurídicas diversas.

Faz-se possível a *tentativa*, porque o crime é comissivo e pode ser fracionado. Veja-se o caso de um adolescente perseguido para ser apreendido, que consegue apresentar-se ao juiz competente, e este constata que a apreensão não tem qualquer base ou fundamento.

Parágrafo único. Incide na mesma pena aquele que procede à apreensão sem observância das formalidades legais.

A apreensão, ademais, embora legal, pode inobservar as outras formalidades previstas e exigidas em lei.

No caso da *busca e apreensão*, *v.g.*, é preciso alguma análise, porque é comum a ordem de apreensão de criança ou adolescente partir de Vara de Família, em processo de família. Neste caso, embora a ordem não venha fundamentada pela autoridade competente (man-

---

[39] CURY, GARRIDO & MARÇURA, *op. cit.*, p. 201.
[40] v. nossa obra: *Abuso de Autoridade*. Porto Alegre, Livraria do Advogado, 1997, p. 28.

Crimes contra a criança e o adolescente

dado de apreensão que não transcreve a ordem, por exemplo), não se faz incidente o tipo, porque a norma diz respeito à apreensão que decorra de comportamento infracional do adolescente, e não de matéria afeta ao Direito de Família.

As *formalidades* legais aplicáveis à apreensão não estão apenas nos arts. 106, 109 e 110 do Estatuto, mas também em dispositivos constitucionais e processuais penais, relativos ao imputável, que com maior razão se aplicam à criança e ao adolescente.

O tipo em questão se dirige tanto ao emissor da ordem ilegal (no caso de ela existir), como àquele que é o executor da ordem, àquele que a cumpre sem a observância das formalidades legais. Aquele que cumpre a ordem, via de regra, sabe que a ordem não está devidamente formalizada, mas à margem da lei. Mas pode existir erro de tipo, como quando um servidor qualquer ou um cidadão comum acredita estar diante de ordem legal emitida pela autoridade competente.

As *formalidades legais* são de várias espécies, dependendo da ordem. Se tratamos de um flagrante, a lei processual penal e o ECA exigem requisitos pré e pós-apreensão.

Pode ocorrer de a autoridade policial apreender o adolescente, mas não encaminhá-lo, desde logo, ao Ministério Público ou à autoridade judiciária. Isso até parece comum em certas repartições policiais, quando dá-se um "chá de banco" no adolescente, ou é mantido em cela comum. Com esse agir, a autoridade está descumprindo direitos da criança e do adolescente (ver o art. 175 do ECA) e pode responder penalmente.

Pode ocorrer, ainda, de a autoridade apreender o adolescente e transportá-lo em condições atentatórias à sua dignidade (em transporte inadequado, p. ex.).

Como se pode observar, portanto, "formalidades legais" não diz respeito apenas aos atos escritos da apreensão em flagrante, à comunicação que deve ser feita aos pais ou parentes (observe-se o artigo seguinte), aos direitos que devem ser comunicados, mas a todo procedimento previsto na lei, que diga respeito à pronta liberdade da criança e do adolescente e a seus direitos de liberdade.

- **Jurisprudência**

APELAÇÃO-CRIME. ESTATUTO DA CRIANÇA E DO ADOLESCENTE. Incide nas iras do art. 230 da Lei nº 8.069/90 o cidadão que se anuncia como Delegado de Polícia, portando uma pistola acintosamente na cintura, investigando um furto de um rádio toca-fitas subtraído do automóvel de sua esposa, amedronta e "convida" dois operários menores, considerados "suspeitos" da autoria do ato infracional, a acompanhá-lo ao Instituto de Criminalística, onde foram colhidas impressões digitais e fotografados os adolescentes. Não se tratando de apreensão por ordem judicial e nem por flagrante de ato infracional, havendo qualquer indício de participação de adolescente na prática de fato definido como criminoso, é dever da autoridade policial encaminhar ao agente ministerial relatório de suas investigações e demais documentos pertinentes à pessoa e ao fato investigados. Injustificado e ilegal é o ato de privar um adolescente em sua liberdade de ir, vir, estar e ficar, fora das hipóteses dos arts. 171 e 172, com as cautelas insculpidas nos arts. 177 e seguintes do ECA. Comportamento típico e antijurídico caracterizado. Apelo defensório improvido. Sentença condenatória reafirmada por seus fundamentos. Unânime. (RJTJRS - 181/112).

- ***Omissão na comunicação de apreensão de crianças e adolescentes à autoridade e a familiares.***

  Art. 231. Deixar a autoridade policial responsável pela apreensão de criança ou adolescente de fazer imediata comunicação à autoridade judiciária competente e à família do apreendido ou à pessoa por ele indicada:

  Pena – detenção de 6 (seis) meses a 2 (dois) anos.

Crimes contra a criança e o adolescente

A Constituição Federal determina que a prisão de qualquer pessoa e o local onde se encontre sejam comunicados imediatamente ao juiz competente e à família do preso ou à pessoa por ele indicada (art. 5º, inc. LXII). Trata-se de uma garantia fundamental do cidadão, desimportando se a detenção se dê em virtude de prisão em flagrante ou em virtude de ordem da autoridade policial. Afinal, se a prisão for ilegal, ela será imediatamente relaxada pela autoridade judiciária (art. 5º inc. LXV, CF).

A Lei nº 8.069/90 explicita que a apreensão de qualquer adolescente e o local onde se encontra recolhido serão incontinenti comunicados à autoridade judiciária competente e à família do apreendido ou pessoa por ele indicada (art. 107), examinando-se, desde logo e sob pena de responsabilidade, a possibilidade de sua liberação imediata (parágrafo único).

O dispositivo em questão (art. 231), inseriu proteção expressa contra a apreensão ilegal da criança ou adolescente. Podemos dizer, portanto, que o crime em estudo diz respeito à garantia de efetivo cumprimento do art. 107 do ECA: "a apreensão de qualquer adolescente e o local onde se encontra recolhido serão incontinenti comunicados à autoridade judiciária competente e à família do apreendido ou à pessoa por ele indicada".

A norma penal em análise, como a anterior, gira ao redor do direito de ir e vir da criança e do adolescente, do direito de liberdade, propondo-se ao juiz um controle sobre a ação policial acerca do direito de liberdade da criança ou do adolescente. É a sua *objetividade jurídica*.

O crime é doloso. Exige do agente a determinada direção e vontade (dolo) de não cumprir o disposto no art. 107 do ECA.

É outro *crime próprio*, porque só pode ser praticado pela autoridade policial, como veremos no momento oportuno.

O crime em estudo, que chamamos de *omissão de comunicação da apreensão à autoridade competente e a fami-*

liares, também é conhecido por *omissão de comunicação imediata de apreensão de criança ou adolescente*,[41] *falta de comunicação da apreensão*[42] ou *omissão de comunicação de apreensão de criança ou de adolescente*.[43]

O artigo em comento tem alguma relação com o anterior (art. 230), porque pode ocorrer violação (art. 69 do CP) dos dois crimes. Veja-se o caso de a autoridade policial apreender o adolescente, sem ordem escrita ou flagrante e ainda não comunicar a apreensão à família do apreendido.

- **Deixar**

Para o verbo, repetimos, *mutatis mutandis*, o que foi registrado quando do comentário aos arts. 228 e 229.

O verbo indica que o crime do art. 231 do ECA é *omissivo puro ou omissivo próprio*. O elemento subjetivo do tipo *é o dolo*, ou seja, exige-se do agente criminoso uma vontade manifesta e deliberada em omitir-se ao cumprimento de um dever estatuído no próprio ECA (art. 107).

Os crimes omissivos próprios, como ensina Cezar Roberto Bitencourt, "consistem numa desobediência a uma norma mandamental, norma esta que determina a prática de uma conduta, que não é realizada".[44] Na omissão, o agente comete o fato punível exatamente porque nada fez quando lhe era possível fazer; cumpre e impende ao sujeito ativo agir de terminada maneira, surgindo o crime de sua abstenção e omissão.[45] Como se diz fartamente, nas palavras de Roxin: *são crimes de dever*. Na espécie, portanto, o agente criminoso não cumpre a normatização (o dever) descrita no art. 107 do ECA.

---

[41] CHAVES, Antonio. *Op. loc. cit.*, p. 746.

[42] NOGUEIRA, Paulo Lúcio. *Op. cit.*, p. 231.

[43] FRANCO e FELTRIN. *Op. cit.*, p. 375.

[44] *In: Manual de Direito Penal*. Vol.1, Parte Geral, SP, Saraiva, 2000, p. 170.

[45] PEDROSO, Fernando de Almeida. *Direito Penal*. 3ª ed. SP, LEUD, 2000, p. 110.

Trata-se de crime de mera conduta, onde não se faz necessário resultado naturalístico.

O crime analisado se *consuma* no momento em que o agente deixa de comunicar a apreensão à autoridade judiciária e aos familiares da criança e do adolescente.

Com relação à *tentativa*, *v.g.*, tem-se que não há crime tentado nos crimes omissivos puros, em face de serem unissubsistentes (não há cisão do processo executivo).

Relativamente ao *concurso de pessoas*, mesma forma, parte da doutrina entende inviável a existência de concurso em crimes omissivos. Ocorre que os crimes omissivos puros exigem certa especialização dos sujeitos, isto é, os autores devem estar em certa posição diante da situação fática. Como ensina Juarez Tavares,[46] não é qualquer pessoa que pode ser colocada na posição do omitente. No caso, apenas a autoridade policial pode ser denunciada pela omissão. Se a autoridade estiver acompanhada, só responderá o acompanhante se também for uma autoridade policial.

Se o apreensor for Conselheiro Tutelar ou Oficial de Justiça, esse crime não incidirá.

• autoridade policial

É um agente do Poder Executivo que ocupa cargo e exerce funções policiais, zelando pela ordem e segurança públicas, reprimindo atos atentatórios ao direito, à moral, e aos bons costumes.[47] No mais das vezes é o Delegado de Polícia, mas pode ser agente público investido do poder de polícia (Escrivão ou Inspetor, *v.g.*), sob pena de o ilícito dificilmente se configurar.

Note-se, a autoridade é o *agente ativo* do crime, que se perfaz com a mera falta de comunicação ordenada pela lei. Mesmo que a autoridade policial tenha incumbido um terceiro para realizar tal tarefa (Escrivão), a falta de comunicação da apreensão faz incidir a norma

---

[46] *In: As controvérsias em torno dos crimes omissivos.* ILACP, 1996, p. 85.

[47] DINIZ, Maria Helena. *Dicionário Jurídico*, vol. 1, Saraiva, p. 351.

em apreço, porque a responsabilidade é da própria autoridade que apreendeu a criança ou o adolescente; aquela que o detém sob sua guarda ou responsabilidade. A que a lei visa é assegurar o cumprimento dos direitos da criança e do adolescente. Se o Escrivão deixar de comunicar, sendo ordenado pela autoridade superior, responderá por outro crime (prevaricação, *v.g.*), mas a autoridade responde pelo crime em estudo, porque contra si recai o dever de comunicar.

Não se pode olvidar, ainda, que a autoridade que não comunica ao juiz competente a prisão ou a detenção de qualquer pessoa ainda viola o art. 4º, letra *c*, da Lei 4.898/65, praticando crime de abuso de autoridade[48] e sujeitando-se a sanções administrativas, civis e penais, estas em concurso formal (art. 70 do CP) com o art. 231 ora analisado.

Obviamente, quando a lei do abuso se refere a prisão ou detenção de "qualquer pessoa" devemos entender que está presente a proteção à criança e ao adolescente, porque sujeitos de direitos, como qualquer adulto. Aliás, como observa Joseane Rose Veronese, enquanto sujeitos de direitos, as crianças e os adolescentes possuem aqueles direitos descritos e garantidos nos arts. 5º e 6º da Constituição Federal.[49]

• responsável pela apreensão de criança ou adolescente

A criança e o adolescente são os primeiros *sujeitos passivos* do crime, que também atinge aos seus familiares, porque têm direito de saber a respeito da indevida apreensão de seus filhos.

Entende-se por *criança* a pessoa até doze anos de idade incompletos; se tiver de doze até dezoito anos de idade já será *adolescente* (art. 2º da Lei 8.069/90).

---

[48] Ver nosso livro: *Abuso de Autoridade*, Porto Alegre, Livraria do Advogado, 1997.
[49] Discriminação e Atentados ao Exercício da Cidadania da Criança e do Adolescente, *apud, O melhor interesse da criança*, SP, Renovar, p. 655.

Crimes contra a criança e o adolescente

Observa-se a necessidade de juntada da competente certidão de nascimento da criança ou do adolescente, para fazer a prova de idade. Com efeito, temos manuseado inúmeros processos onde há omissão dessa simplória prova. Se o processo chega em grau de recurso, no mínimo, passou por um Juiz de Direito e por um Promotor de Justiça, que não providenciaram prova essencial.

Já criticamos a utilização do termo "apreensão", relativamente à criança. Enviamos o leitor ao comentário do art. 230, retro, porque, como ensina Roberto João Elias, "a criança nunca deveria ser apreendida, mas entregue diretamente à sua família".[50]

Na apreensão não se engloba a detenção *lato sensu*, isto é, a restrição ao direito de ir e vir. Apreender tem o sentido de levar a criança ou o adolescente para a repartição policial ou a um outro lugar, sendo que a detenção *lato sensu* implica impedimento à locomoção da criança ou do adolescente no mesmo lugar onde se encontre. Este comportamento pode ser abuso de autoridade, porque é um atentado à liberdade de locomoção, sendo que só *a apreensão* configura o crime em estudo.

- **de fazer imediata comunicação à autoridade judiciária competente**

Impõe-se que da apreensão da criança ou do adolescente se comunique imediatamente à autoridade judiciária competente.

A palavra "imediata" tem ocasionado algum desentendimento, tal como o advérbio "imediatamente" em alguns textos legais (art. 73 da Lei 8.078/90, *v.g.*). Por não indicar fração temporal, tem-se a impressão que se fica ao arbítrio do intérprete.

Entendemos, porém, que a comunicação "imediata" é aquela que deve dar-se no menor espaço de horas possível, desde que no máximo em vinte e quatro horas,

---

[50] *Op. cit.*, p. 205.

ou seja, *no mesmo dia da apreensão*[51] o juiz competente e os familiares já devem ter ciência da apreensão e do local onde se encontra a criança ou o adolescente, sob pena de incidência do tipo em estudo.

Autoridade judiciária competente é aquela pertencente ao Poder Judiciário, mas que desempenhe atividade na jurisdição da Infância e Juventude, seja titular ou substituto, como já mencionamos retro.

O ato de *comunicar* deve ser feito, preferencialmente, por escrito, por ofício, mas nada impede que se faça imediatamente por telex, telefone ou fax. Depois, nestes casos, o comunicante (a autoridade) deve ratificar a mensagem já feita, mencionando o dia e a hora da comunicação já feita.Essa comunicação não pode seguir a outra autoridade que não seja a competente, isto é, não se abriga por licitude o agente que fez a comunicação ao Juiz de Direito de outra jurisdição (do Cível ou de Família, *v.g.*), ou a um Juiz Federal ou ao Ministério Público Estadual, nem sob o argumento de que este comprometeu-se a fazer a devida comunicação ao Juiz competente responsável. Afinal, *a obrigação é da autoridade policial* para com a autoridade judiciária competente e para com os familiares da criança ou do adolescente e jamais com o Promotor de Justiça ou outra autoridade.

- **e à família do apreendido ou à pessoa por ele indicada.**

No momento da apreensão da criança ou do adolescente, obviamente, a autoridade policial deve identificar a filiação e idade do apreendido. Na certidão de nascimento, teremos os dados básicos para essa informação: nome dos pais (ou da mãe) e dos avós.

O dever é o de comunicar-se aos familiares da criança ou do adolescente apreendido, isto é, avisar os pais (ambos) e, na falta destes, comunicar os avós paternos ou maternos. Tal comunicação deve ser por escrito, em qualquer caso, precavendo-se a autoridade em colher o recibo da formalização. Apenas na impossi-

---

[51] Nesse sentido: Roberto João Elias, p. 205.

Crimes contra a criança e o adolescente

bilidade de identificar-se (ou encontrar-se) os pais e/ou avós é que se solicitará ao adolescente a indicação do nome de uma pessoa, um terceiro, maior de idade, de relação pessoal da criança ou adolescente, para fazer-se a comunicação de sua apreensão. Se o adolescente negar-se a indicar, tal fato deve ser também comunicado ao magistrado.

O crime não exige que a omissão se dê duplamente, isto é, omita-se a comunicação à autoridade judiciária e, também, aos familiares. O crime se contenta apenas com uma omissão, ou seja, o dever da autoridade é fazer todas as comunicações possíveis. Se não fizer uma delas, omitindo-se na devida intimação da família, *v.g.*, de nada adiantará ter avisado ao juiz competente, porque o crime estará perfectibilizado (consumado).

- **Submissão de criança ou adolescente a tratamentos vexatório ou constrangedor.**
  Art. 232. Submeter criança ou adolescente sob sua autoridade, guarda ou vigilância a vexame ou a constrangimento:
  Pena – detenção de 6 (seis) meses a 2 (dois) anos.

A Lei 8.069/90 dispõe que é dever de todos velar pela dignidade da criança e do adolescente, pondo-os a salvo de qualquer tratamento vexatório ou constrangedor (art. 18). A rigor, repetiu-se e explicitou-se o *direito à dignidade* que a Constituição Federal já havia reafirmado à criança e ao adolescente, a cargo da Família, da Sociedade e do Estado (art. 227, CF).

Como é de fácil constatação, a criança e o adolescente são alvos mais fáceis em atitudes vexatórias ou constrangedoras por parte dos adultos, inclusive dos pais. O constrangimento e o vexame são detectáveis de plano, embora possam misturar-se com o exercício da autoridade do pátrio poder ou com "brincadeiras familiares".

Muitos pais, rudes e ignorantes, confundem exercício de autoridade com constrangimento, sendo que, sob o pretexto de exercer o pátrio poder submetem a criança ou o adolescente a situações vexatórias ou constrangedoras. Porém, é preciso uma observação: não podemos castrar o pátrio poder, retirando dos genitores uma parcela desse feixe de poder-dever, que implica dever de correção e de educação à criança ou ao adolescente.

O crime em análise é doloso e comissivo. Trata-se de crime próprio, porque o autor deve ter autoridade "sobre" a criança ou o adolescente.

O crime admite a *tentativa*. Com efeito, é perfeitamente possível que um tratamento vexatório ou constrangedor seja impedido de ocorrer, pela intervenção de fator externo, como veremos a seguir.

A norma penal sob comento gira ao redor da proteção ao *status dignitatis* da criança e do adolescente, à proteção da sua honra, que não pode ser submetida a tratamentos que a exponham ao ridículo, à zombaria. É a *objetividade jurídica* da norma penal, portanto.

O crime em estudo, tem os seguintes *nomen juris*: *submissão de criança ou adolescente a tratamentos vexatório ou constrangedor, submissão a vexame ou constrangimento*[52] ou *vexame ou constrangimento*"[53] ou *submissão de criança ou adolescente a vexame ou a constrangimento.*[54]

• Submeter

O verbo *submeter* significa "dominar, subjugar",[55] a rigor, é *obrigar* uma criança ou um adolescente a fazer algo indevido, contra a própria vontade ou algo contrário à lei, mas com a conseqüência (querida) de "colocar" a criança e/ou o adolescente numa situação vexatória ou constrangedora.

O crime é doloso, por isso se alerta que a situação decorrente da submissão (constrangimento ou vexame)

---

[52] NOGUEIRA, Paulo Lúcio. Op. cit., p. 232.
[53] CHAVES, Antonio, Op. cit., p. 746.
[54] FRANCO e FELTRIN. *Leis Penais Especiais, op. cit.*, p. 376.
[55] DINIZ, Maria Helena. *Dicionário*, vol. 4, SP, Saraiva, p. 435.

Crimes contra a criança e o adolescente

deve ser desejada pelo agente. Daí que, não havendo crime culposo, o agente não pode ser punido por uma ofensa surgida de forma imprudente, num arroubo emotivo, p.ex.

É possível *o concurso de crimes*, seja com tipos do próprio ECA, do Código Penal ou de leis especiais. Tomemos o exemplo de um servidor público que apreenda um adolescente, sem ordem escrita da autoridade competente ou flagrante. Depois, sem qualquer necessidade, utiliza-se de algemas no adolescente, na via pública ou diante de sua escola. Há concurso material com o abuso de autoridade. Veja-se o exemplo onde, além da situação de submissão vexatória ou constrangedora, ocorra lesões corporais no adolescente, como o caso de pessoa que mantém uma criança acorrentada. Pode existir lesão à integridade física da criança, que, constatada pelo auto de exame competente, configura concurso formal de crimes.

Se a guarda ou vigilância for deferida a duas ou mais pessoas, e mesmo que uma das pessoas não detenha a guarda sobre a criança ou adolescente, mas praticarem contra esta um ato vexatório ou constrangedor, devem responder em *concurso de pessoas* por este crime.

Não se pode olvidar que se o autor do crime for uma autoridade, também estará incurso na Lei 4.898 (art. 4º, *b*), em concurso formal.

O crime se *consuma* no momento em que a criança é submetida à situação de zombaria. *Consuma-se o delito com a prática do ato constrangedor e a submissão à situação ultrajante.*[56] Muitas vezes, a criança aceita fazer-se alvo de situações vexatórias ou constrangedoras, em brincadeiras familiares, para agradar aos pais ou amigos. Nestes casos crime não há. O crime se perfaz quando a criança é violada em sua vontade, quando a criança ou o adolescente concretamente incomodam-se ou são incomodadas com a situação fática, que é, de fato, vexatória

---

[56] COSTA JR., Heitor. *ECA Comentado*, SP, Malheiros, p. 708.

para qualquer pessoa em iguais condições. A rigor, fere-se a honra objetiva e subjetiva da criança.

- **criança ou adolescente sob sua autoridade, guarda ou vigilância**

  O tipo dirige-se à proteção de crianças (até doze anos de idade) e de adolescentes (até dezoito anos de idade), que são os *sujeitos passivos* do crime.

Exige-se, ainda, que a criança ou o adolescente estejam sob *a autoridade* do autor do crime, isto é, do *sujeito ativo*, daquele que a submete ao vexame ou ao constrangimento.

Assim, como deflui da norma, o tipo em análise não pode ser cometido por qualquer pessoa. Apenas será autor do crime o agente, o servidor ou qualquer pessoa que tiver a criança ou o adolescente sob sua *guarda* (*v.g.*, guardião, pais, tios, avós, tutor, curador) ou sob sua *vigilância* (nas entidades de abrigo, nos juizados, nas escolas, públicas ou particulares, nas residências por babás, domésticas, etc.).

A "autoridade" de que fala a lei tem um sentido *lato*, porque engloba o senso comum da palavra "autoridade" (comando, chefia, orientador), bem como um sentido especial, um sentido de Direito (pátrio poder, guarda etc.).

Veja-se que pode ocorrer de um servidor público, ou membro do Conselho Tutelar, que tenha consigo a vigilância de uma criança ou adolescente, submetê-la a tratamento constrangedor e vexatório. A utilização de algemas no adolescente, por exemplo. O argumento de que a utilização de algemas serve para "proteção" e "segurança" do próprio adolescente, muitas vezes, é uma falácia. Apenas esconde a covardia do agente e a vontade de afirmar-se perante o adolescente. Quando se leva um adolescente ao fórum, *v.g.*, para uma audiência, via de regra, acompanha-lhe apenas um funcionário ou um Conselheiro Tutelar (por "economia" do Estado ou autoconfiança do servidor). Neste caso, via de regra,

Crimes contra a criança e o adolescente

indevidamente, o servidor se utiliza das algemas e pode ser violado o tipo em questão. Devemos coibir esse tipo de comportamento e exigir do Estado agentes suficientes e especializados para o trato com crianças e adolescentes, afinal, a utilização de algemas, mesmo em adultos, só se justifica quando o algemado deu *concretas razões* para disso ser alvo. A rigor, quando o adolescente se revolta pelas agressões sofridas, nem os muros da FEBEM o seguram.

- **guarda**

Guarda *é ação ou efeito de guardar.*[57] Quem guarda, vela por algo ou cuida de alguma pessoa.

No artigo comentado, guarda tem um sentido amplo, porque é uma situação fática, mas é também jurídica. A guarda, como se sabe, não é apenas um múnus de cuidado e proteção, como um dos atributos do pátrio poder, mas também uma obrigação que pode ser confiada a uma pessoa comum. A rigor, a palavra engloba o termo *vigilância*, porque quem guarda, vigia. Porém, parece-nos que a lei quis deixar claras as situações, porque a guarda é uma vigilância diuturna, e a vigilância pode ser uma guarda temporária.

O termo *vigilância*, então, foi utilizado num sentido estrito, comum. Vigilância é o cuidado, a atenção sobre alguma coisa ou pessoa. É o estado daquele que está vigilante. Não precisa decorrer de ato de autoridade ou judicial, bastando caracterizar-se faticamente, *v.g.*, quando uma mãe entrega o filho para uma vizinha vigiá-lo enquanto vai às compras. Se esta vizinha ridicularizar a criança, o tipo estará configurado.

- **a vexame ou a constrangimento**

O vexame, a rigor, já é um constrangimento. Quem está vexado, fica moralmente constrangido. *Vexame* é a vergonha, a vexação, a humilhação, a diminuição da pessoa em seu amor próprio. É uma situação tal que a

---

[57] DINIZ, Maria Helena. *Dicionário*, vol.2, SP, Saraiva, p. 691.

pessoa se sente mal consigo mesma e mal perante os outros.

O *constrangimento*, aqui, abarca as suas formas jurídicas, podendo ser físico (material) ou moral (psíquico), até podendo ocorrer os dois ao mesmo tempo. Constrangimento é uma coação; "é uma pressão física ou moral exercida sobre alguém para obrigá-lo a praticar um ato contrário à sua vontade", como ensina Maria Helena Diniz.[58]

A imposição de situações de vexame ou de constrangimento fere a dignidade da criança ou do adolescente, o seu amor próprio. Por isso é que se disse que este crime também se liga à proteção da honra da criança e do adolescente.

Não se confunda o tipo em questão com o constrangimento ilegal do art. 146 do C. Penal. Neste, há uma constrição *violenta*, ou com *grave ameaça*, para não fazer o que a lei permite, ou para fazer o que a lei não manda. No art. 232, incide a especialidade, só se configurando contra criança ou adolescente e violando-se a dignidade da criança. O crime do art. 146 do CP é crime comum, pode ser praticado por qualquer pessoa; o crime do art. 232 é crime próprio, exigindo-se o liame da autoridade do agente do crime sobre o sujeito passivo.

O art. 109 do ECA dispõe que o adolescente civilmente identificado não será submetido a identificação compulsória pelos órgãos policiais, de proteção e judiciais, salvo para dirimir dúvida fundada. Neste caso, a submissão do adolescente à indevida identificação compulsória e desnecessária configura um constrangimento punível na forma do art. 232 do ECA.

Num estabelecimento da FEBEM, ou em outro qualquer, se o adolescente estiver incomunicável, ocorrerá constrangimento, porque o adolescente não pode ser assim mantido (art. 124, § 1º, do ECA), punindo-se o responsável pela imposição da medida. O Diretor do estabelecimento, se não tiver ciência do ato de subordi-

---

[58] *Op. cit.* vol. 1, p. 813.

Crimes contra a criança e o adolescente

nado, pode ser responsabilizado civil ou administrativamente, ou de ambas as formas. Mas o subordinado responderá pelo crime.

- **Jurisprudência**

ESTATUTO DA CRIANÇA E DO ADOLESCENTE. Crime previsto no art. 232 da Lei nº 8.069/90. Caracterização. Chefe do Comissariado de Menores que, aproveitando-se de sua autoridade, submete adolescentes a vexames, fazendo-lhes insistentes propostas indecorosas para práticas sexuais. Incidência nas mesmas penas, também, da agente que, na função de Comissária de Menores auxiliar, assiste a todos os fatos, emprestando sua colaboração com a presença física, anuindo às propostas feitas por seu superior hierárquico, sem tomar qualquer providência a favor das menores molestadas (TJRJ, RT-767/663).

Art. 233. (revogado)
(Art. 4º da Lei Federal nº 9.455/97: revoga-se o art. 233 da Lei nº 8.069, de 13 de julho de 1990 – Estatuto da Criança e do Adolescente).

- **Sobre a tortura**

Perde-se na idade do tempo a prática da tortura contra pessoas em geral.

A tortura contra crianças e adolescentes surge das mais variadas formas e, a rigor, foi negligenciada ao longo curso da História da Humanidade.

O infanticídio, *v.g.*, era uma prática milenar dos gregos e romanos, sendo aceito até como *meio de controle demográfico*.[59] Os gregos expunham as meninas à morte, enquanto os romanos praticavam a exposição e o afogamento de crianças com malformações. Não é de se olvidar que os romanos determinaram uma mortandade de crianças judias, pretendendo atingir Jesus Cristo.

---

[59] CARTER-LOURENSZ e JOHNSON-POWELL, *Tratado de Psiquiatria*, p. 2660.

Na Idade Média, a Inquisição acolhia a tortura não só de idosos, mas também de crianças: "Pode-se torturálos, mas com uma certa moderação; devem apanhar com pauladas ou, então, com chicotadas (parte II, H)",[60] prescrevia o *Directorum Inquisitorum.*

Mesmo na dita Idade Moderna continuou-se a violência contra crianças e adolescentes, seja pelo extermínio de crianças nos campos de concentração do III Reich, seja pelo envio de adolescentes ou crianças-soldados (soldados infantis) para servir nas linhas de guerras.

A rigor, diante da extensão e longevidade do problema, a *preocupação específica* contra a violência, maustratos e qualquer forma de abuso contra crianças e adolescentes é relativamente nova, porque surgiram com a consolidação e o reconhecimento de direitos da criança e do adolescente, em fins do século XIX e início do século XX. Aqui, enquadrou-se a tortura como uma espécie, qualificada, de maus-tratos ou de abuso infantil.

No Brasil, a legislação penal comum não tratou do assunto com a importância merecida, mantendo como forma de agravante (circunstância legal de aumento de pena) o fato de o crime ser praticado com o emprego de tortura ou contra criança (art. 61, inc. II, *d* e *h*, CP). Isso, mesmo depois de o país ter assinado a Convenção contra a Tortura, adotada pela ONU em 1984 e que vigora desde 1987.

A Carta Federal, também, seguindo a tendência mundial e civilizada de afirmação dos direitos humanos, vislumbrou o crime de tortura insuscetível de fiança, *verbis*:

"Art. 5º, XLIII: a lei considerará crimes inafiançáveis e insuscetíveis de graça ou anistia a prática da tortura..."

Isso foi reafirmado pela Lei nº 8.072/90.

---

[60] EYMERICH, Nicolau. *Manual dos Inquisidores.* trad. Maria José Lopes da Silva, Ed. Rosa dos Ventos/UNB, 1993, p. 19.

Crimes contra a criança e o adolescente

No prefácio da tradução brasileira do clássico de Pietro Verri,[61] o jurista Dalmo de Abreu Dallari consignou que "praticar tortura contra uma pessoa é uma forma covarde de cometer violência física, psíquica e moral, fazendo sofrer a vítima, degradando o próprio torturador e agredindo valores que são de toda a humanidade".

A tortura, também chamada de "tormento", nos textos antigos, diz-nos Francisco de Assis Toledo,[62] "é forma de infligir intenso sofrimento físico ou mental a uma pessoa humana para dela obter-se algo contra a sua vontade". Tal noção foi ampliada, para abranger também os "sofrimentos agudos, físicos ou mentais, infligidos a uma pessoa como castigo, meio de intimidação ou de coação, ou ainda por discriminação de qualquer natureza".[63]

- **A tortura no rol das agressões contra crianças e adolescentes.**

A tortura contra crianças e adolescentes insere-se no amplo espectro dos *maus-tratos*. Os maus-tratos contra crianças e adolescentes ultrapassam a ótica jurídico-penal, soando como um verdadeiro *problema de Saúde Pública*.[64]

Como já advertiu David Léo Levisky, vivemos uma violência estrutural da sociedade, que desconsidera a criança, o pobre, o adolescente, os idosos e as minorias em geral. As agressões são praticadas dentro da própria casa e, via de regra, acobertadas pela família.[65] Nesse caminho de agressividade, as mesmas vítimas de *pequenas agressões* tornam-se, mais dia, menos dia, não só

---

[61] *Observações sobre a tortura,* trad. Federico Carotti, Porto Alegre, Martins Fontes, 1992.

[62] *In*: "Sobre o crime de tortura na recente Lei 9.455/97", *apud, Justiça Penal* n. 5, SP, Revista dos Tribunais, p. 9.

[63] Idem, p. 12

[64] ZAVASCHI, Maria Lucrécia Scherer e Outros. *Abuso Sexual na infância: um desafio terapêutico,* R. Psiquiatria-RS – 13/136/45.

[65] *In: Adolescência pelos caminhos da violência, op. loc. cit.,* p. 30.

vítimas da agressão maior, a tortura, como podem tornar-se os agressores e/ou torturadores do amanhã.[66] Destarte, a tortura viceja da agressão física ao dano psíquico com uma facilidade imensa.

Na problemática dos maus-tratos à criança e ao adolescente, ressalta o trabalho dos Conselhos Tutelares, afinal, constatada a prática de um crime contra a criança ou adolescente, caberá ao Conselheiro fazer as comunicações à autoridade policial (Delegacia de Polícia), a quem compete instaurar o inquérito policial nas hipóteses previstas em lei.[67]

No mais, diríamos, se o crime de torturadores pudesse sofrer escalas, a prática de tortura contra crianças e adolescentes está no patamar mais abjeto, aquele que ocasiona mais repulsa, porque são elas as pessoas mais suscetíveis e indefesas àquele ataque.

A 4ª edição do *Manual Diagnóstico e Estatístico de Transtornos Mentais* (DSM),[68] da Associação Psiquiátrica dos EUA, apresenta um didático sistema de classificação das agressões contra crianças e adolescentes, englobando-as sob três prismas: *abuso físico, abuso sexual e negligência da criança*.

O *abuso físico*, via de regra, é definido pela legislação de cada país. Para o Attorney General's Office do Estado da Califórnia, o abuso físico seria qualquer ato que resulte em lesão corporal não-acidental, o mais das vezes decorrente de castigos físicos graves ou punições injustificáveis. Como abusos físicos podem verificar-se: a) lesões da pele e tecidos superficiais (contusões, queimaduras, marcas de mordida e lacerações, outras formas de tortura); b) lesões da cabeça (hematomas do couro cabeludo, lesões cerebrais); c) lesões de outros órgãos internos (traumatismo torácico, rupturas de

---

[66] Como escreveu Maria Regina Fay Azambuja: "os estudos indicam que o abusado de hoje tem grande probabilidade de ser o abusador de amanhã"(*In: Criança Sujeito de Direitos, A Nova Realidade*, p. 69).

[67] AZAMBUJA, Maria Regina Fay. *Caminho percorrido pela criança vítima*. p. 5.

[68] Diagnostic and Stastitical Manual of Mental Disorders, Copyright American Psychiatric Association, 1994, *apud Tratado de Psiquiatria*.

Crimes contra a criança e o adolescente   **63**

baço, rim e bexiga, etc.) e d) lesões do esqueleto (fraturas em geral).

A tortura enquadra-se não só no abuso físico contra a criança e o adolescente, mas também pode vir na forma de abuso psíquico e/ou sexual, só que no ECA a matéria foi tratada de forma separada, por dispositivos diversos.

• O crime de tortura no ECA

A Lei 8.069/90 (ECA) havia previsto no artigo 233 revogado o crime de tortura, *verbis:*

> "Art. 233 – Submeter criança ou adolescente sob sua autoridade, guarda ou vigilância a tortura.
> *Pena – reclusão de um a cinco anos.*
> § 1º. Se resultar lesão corporal grave:
> *Pena- reclusão de dois a oito anos.*
> § 2º. Se resultar lesão corporal gravíssima:
> *Pena – reclusão de quatro a doze anos.*
> § 3º. Se resultar morte:
> *Pena – reclusão de quinze a trinta anos".*

A redação desse dispositivo provocou inúmeras críticas da doutrina, porque a lei não definiu em que consistia a "tortura" e isso atingiria o princípio da legalidade. A propósito, registrava Alberto Silva Franco, que: "Dizer o ECA que constitui crime submeter criança ou adolescente à tortura, não explicitando no que consiste a ação de torturar, não significa reconhecer o crime de tortura: é dizer coisa nenhuma, é produzir, sem preocupação com o direito de liberdade do cidadão, um tipo vazio de conteúdo. E tipo, que não obedeça ao princípio da legalidade, é tipo inexistente".[69]

A Lei Federal nº 9.455, de 7.4.97, surgida depois de sérios episódios policiais no Estado de São Paulo,[70] definiu o crime de tortura, revogando expressamente o art. 233 do ECA.

---

[69] *In: Leis Penais Especiais,* cit., p. 377.

[70] Vide nosso: *Abuso de Autoridade, op. cit.,* 1997.

A tortura praticada contra criança ou adolescente, portanto, deixou de ser crime específico e previsto no Estatuto, mas veio como uma *majorante*, ou *causa especial de aumento de pena* (arts. 1º e 4º da Lei nº 9.455/97). Isto significa que, se o crime for praticado contra criança ou adolescente, primeiro, teremos de ultrapassar duas fases de aplicação da pena (pena-base e agravantes), para depois considerar a circunstância de aumento especial de pena.

A revogação "foi necessária, porque, em primeiro lugar, a Lei 9.455/97 regulou o assunto de maneira mais abrangente e sistemática, e segundo, pelas dificuldades de aplicação frente ao conflito destas normas que fatalmente adviria".[71]

"Art. 1º. Constitui crime de tortura:

I – Constranger alguém com emprego de violência ou grave ameaça, causando-lhe sofrimento físico ou mental:

a) com o fim de obter informação, declaração ou confissão da vítima ou de terceira pessoa;

b) para provocar ação ou omissão de natureza criminosa;

c) em razão de discriminação racial ou religiosa;

II – submeter alguém, sob sua guarda, poder ou autoridade, com emprego de violência ou grave ameaça, a intenso sofrimento físico ou mental, como forma de aplicar castigo pessoal ou medida de caráter preventivo:

Pena – reclusão de dois a oito anos.

§ 1º. Na mesma pena incorre quem submete pessoa presa ou sujeita à medida de segurança a sofrimento físico ou mental, por intermédio da prática de ato não previsto em lei ou não resultante de medida legal.

§ 2º. Aquele que se omite em face dessas condutas, quando tinha o dever de evitá-las ou apurá-las, incorre na pena de detenção de um a quatro anos.

---

[71] LIMA, Mauro Faria. *Crimes de Tortura*, Ed. Brasília Jurídica, p. 68.

Crimes contra a criança e o adolescente

§ 3º. Se resulta lesão corporal de natureza grave ou gravíssima, a pena é de reclusão de quatro a dez anos; se resulta morte, a reclusão é de oito a dezesseis anos.

§ 4º. Aumenta-se a pena de um sexto até um terço: I – se o crime é cometido por agente público; II – se o crime é cometido contra criança, gestante, deficiente e adolescente; III – Se o crime é cometido mediante seqüestro.

§ 5º. A condenação acarretará a perda do cargo, função ou emprego público e a interdição para seu exercício pelo dobro do prazo da pena aplicada;

§ 6º. O crime de tortura é inafiançável e insuscetível de graça ou anistia.

§ 7º. O condenado por crime previsto nesta Lei, salvo a hipótese do §2º, iniciará o cumprimento de pena em regime fechado."

Destarte, atualmente, os termos da Lei nº 9.455/97 é que dão o contorno do crime de tortura contra a criança e o adolescente e é sob sua lente que o tema será comentado.

Embora a necessária revogação do art. 233, alguns aspectos da nova descrição do crime de tortura, no que diz respeito à criança e ao adolescente, não podem ser elogiados. Afinal, a lei parece ter *olvidado* alguns conceitos da anterior previsão (art. 233 do ECA) de tortura contra a criança e o adolescente.

Veja-se, p. ex., que o revogado art. 233 dispunha que o torturador (o sujeito ativo do crime) poderia praticar o crime se a criança estivesse sob sua autoridade, *guarda ou vigilância*. À luz da Lei nº 9.455/97, todavia, *vigilância* foi substituída por *poder* (art. 1º, II). Agora, obrigamo-nos a entender *guarda* ou *poder* não apenas no sentido técnico da lei, estatutária ou não, mas também no sentido comum, fático, ou seja: quem tem a guarda ou o poder sobre alguém, o tem sob sua *vigilância*.

A questão da pena é outro problema digno de nota e de crítica. Afinal, pela lei anterior, o torturador que praticasse o crime com resultado morte poderia sofrer a pena de reclusão de *quinze a trinta anos*. Agora, porém, a pena-base deve ficar entre oito a dezesseis anos. Supondo que o agente sofra a pena mínima (8 anos) e se aplique a majorante mínima (um sexto), a pena restará finalizada em 9 anos e 4 meses de reclusão. Obviamente, o legislador melhorou a situação dos criminosos (?) e não parece ter-se preocupado com a proteção dos direitos das crianças e dos adolescentes.

O conceito de tortura encontra-se claramente expressado na própria Lei. Pelo crime, o agente ativo submete uma criança ou um adolescente a uma violência física ou mental que refoge de um "padrão comum" de violência, isto é, uma violência que não é aquela dos leves tapas ou das meras vias de fato, mas perpassa aos modos ou meios cruel e/ou sádico, causando-lhes sofrimento físico ou moral. Até pode consistir em tapas ou vias de fato, mas a forma, o meio, a intensidade, o modo de execução é "especial", porque causador de maior sofrimento físico ou mental.

Essa causa de aumento de pena (art. 1º, § 4º, inc. II), portanto, recai sobre a *qualidade* da vítima, que deve ser criança ou adolescente.

Para os adolescentes, com maior freqüência do que no caso das crianças, poderá existir maior incidência da tipificação do inc. I, do art. 1º da Lei de Tortura, porque contra estes, muitas vezes, estará presente *uma finalidade* na consecução do delito. Não se diz um dolo específico, mas um elemento subjetivo especial do tipo, consistente no *fim de obter informação...* Será o caso de adolescentes torturados por gangues ou até por agentes do Estado, como em alguma comoção política (prisão e tortura de líderes de estudantes) ou em eventos relacionados a tóxicos.

No caso de crianças, o mais comum será que se dê tal crime na forma do inc. II do art. 1º da Lei nº 9.455/97: "submeter alguém, sob sua guarda, poder ou autoridade, com emprego de violência ou grave ameaça, a

Crimes contra a criança e o adolescente

intenso sofrimento físico ou mental, como forma de aplicar castigo pessoal ou medida de caráter preventivo". Parece-nos a hipótese mais *adequada*, porque as agressões violentas, na maior parte das vezes, dão-se contra pessoas que estão sob *guarda, poder ou autoridade* do agente ativo do crime.

Neste inciso está presente o *crime próprio*, isto é, exige-se que a criança ou o adolescente esteja sob a guarda, poder ou autoridade do autor do crime.

O verbo *submeter*, como já estudamos, significa "dominar, subjugar".[72] No caso, subjuga-se, domina-se, submete-se uma criança ou adolescente, que está sob a guarda, poder ou autoridade do agente ativo do crime, a intenso sofrimento físico ou mental, como forma de aplicar castigo pessoal ou medida de caráter repressivo.

As situações de *guarda, poder ou autoridade*, além do sentido jurídico das palavras, alcançam seu sentido comum, ou seja, não se trata apenas da guarda legal ou do pátrio poder sobre a criança ou adolescente, mas da guarda fática, a mera *vigilância* de que tratava o art. 233 revogado. A autoridade, não é apenas naquela conceituação do art. 5º da Lei do Abuso de Autoridade, mas também na subordinação comum ou de cunho privado (doméstico).

A *violência* de que trata a lei não é apenas a violência física, mas também a violência psíquica, ou seja, é a violência incidente sobre o corpo e/ou sobre a mente da criança ou do adolescente.

Pareceu-nos equivocado o legislador, S.M.J., quando exigiu o *intenso sofrimento físico ou mental* para justificar o crime de tortura. Para uma criança, qualquer dor é sofrimento; qualquer sofrimento é intenso. Enfim, o legislador não apontou a forma de medição desse sofrimento. O sofrimento mental, por exemplo, como medi-lo?

A tortura, como o castigo imoderado, é suficiente à perda do pátrio poder (art. 395, inc. I, do Código Civil),

---

[72] DINIZ, Maria Helena. *Dicionário*, vol. 4, SP, Saraiva, p. 435.

ação que deve ser ajuizada pelo Ministério Público. Porém, é preciso certo cuidado, para que a tortura fique devidamente caracterizada.

O tipo, além de doloso, traz dois elementos subjetivos especiais, que alguns chamam de dolo específico, isto é, o intenso sofrimento à criança e ao adolescente deve ser dirigido como *forma de aplicar castigo pessoal ou como medida de caráter repressivo.*

Igualmente, não foi feliz o legislador quando *pessoalizou* o castigo (*sic: castigo pessoal*), porque deu a entender a possibilidade de um *castigo coletivo.* Ora, um castigo *coletivo* é sempre pessoal para aquele que o suporta. Poderia ter ficado apenas no *castigo.* Este, por seu turno, é termo que abrange não apenas o castigo físico, mas também o castigo *psíquico* ou *moral.* Pode vir como punição ou como maldade pura e simples. É a punição, a reprovação ilícita, física ou moral, que é imposta a alguém.

Entende-se como *medida de caráter preventivo* a providência acautelatória, objetivando evitar a ocorrência de eventos não queridos pelo agente.[73] É o caso daquele que mantém uma criança acorrentada; ou um adolescente preso, incomunicável, a fim de evitar sua saída. É também aquela agressão que surge em decorrência da mente doentia do torturador, que se torna juiz e algoz da criança ou do adolescente por eventuais comportamentos que ainda nem se deram, por isso, preventiva.

Os *sujeitos passivos* neste crime são: a criança e o adolescente, apenas. São os torturados.

O *sujeito ativo*, na hipótese do inc. I do art. 1º da Lei de Tortura pode ser qualquer pessoa imputável. É o torturador. Mas se a tortura se der pelo art. 1º, inc. II, o crime é próprio, pelo que o agente ativo só pode ser aquele que mantém a guarda ou a autoridade sobre a criança e o adolescente.

Se a tortura for praticada por adolescente(s) contra criança ou contra outro adolescente, responderá aquele

---

[73] LIMA, Mauro Faria. *Op. cit.*, p. 40.

Crimes contra a criança e o adolescente **69**

pelo *ato infracional* de tortura. Se for um agente público (policial ou membro do Conselho Tutelar), a pena ainda será agravada de um sexto a um terço (art. 1º, § 4º, inc. I, Lei de Tortura).

Na hipótese da existência de duas majorantes, isto é, o crime foi praticado contra uma criança ou adolescente (Art. 1º, § 4º, II) e o autor detém a condição de agente público (art. 1º, § 4º, inc. I), a regra incidente é a do Código Penal, ou seja, no concurso de causas de aumento pode o juiz limitar-se a um só aumento, mas prevalece a causa que mais aumente (art. 68, Par. Único, CP). Na espécie, em sendo a causa prevalecente o fato de o crime ter sido praticado contra uma criança, porque o ECA visa à proteção integral da criança e do adolescente, ela é que deve ser considerada. Afinal, "ocorrendo concurso de causas de aumento de pena, quanto maior o grau de reprovabilidade da conduta do agente, mais a fixação da pena se aproxima além do limite mínimo" (RT-741/627).

A *objetividade jurídica* é a dignidade da criança e do adolescente, é a inviolabilidade da integridade física e mental, à sua saúde e à própria dignidade. Protegem-se seus direitos da personalidade.

O crime é material, ou seja, exige um resultado naturalístico. Há que se provar a materialidade do crime, através de competentes laudos, físicos e/ou psíquicos, porque são inúmeras as formas e os modos de tortura. A figura de um *patologista forense* é fundamental no diagnóstico da tortura, sendo que na elaboração de laudos, *a descrição das lesões deve ser minuciosa*, como refere Carlos Delmonte.[74]

Admite-se a tentativa.

Via de regra, a inviabilidade do reconhecimento do crime de tortura poderá trazer a tipificação de outros crimes. O crime de maus-tratos (art. 136, CP) ou lesões corporais (art. 129, CP), dentre outros, podem ser invocados como *soldados de reserva* aos crimes de tortura.

---

[74] *In:* "A perícia na tortura". *Apud, Justiça Penal* 5, RT, p. 26.

São exemplos freqüentes de torturas, físicas ou psíquicas, praticadas contra crianças e adolescentes: a) pancadas em geral, socos intermitentes, agressões repetidas e/ou sádicas em locais do corpo onde produzam maior dor; b) queimaduras em geral (cigarros, brasas, isqueiros, etc.); c) utilização de choques elétricos em qualquer parte do corpo da criança ou do adolescente; d) simular a morte da criança ou do adolescente; e) isolamento da criança e do adolescente em quarto escuro ou local ermo; f) restrição ou impedimento do descanso ou do sono da criança ou adolescente; g) suspensão pelos pés ou pelas mãos, para consumar outras formas de agressividade; h) mutilações em geral; i) introdução de objetos estranhos no corpo da criança, com o fim de produzir-lhe dor; j) simulação da morte de pessoas queridas à criança ou obrigá-la a assistir tais fatos; l) introdução de objetos pontiagudos nos órgãos genitais de crianças e adolescentes; m) asfixia em geral, seja por sufocamento em sacos plásticos ou submersão em água; n) exposição contínua a ruídos, a luzes intensas, enfim, toda situação de agressão excepcional contra a criança configura sua tortura.

- **A tortura e o crime de maus-tratos**
O crime de maus-tratos está assim exposto no Código Penal:

"Art. 136 – Expor a perigo a vida ou a saúde de pessoa sob sua autoridade, guarda ou vigilância, para fim de educação, ensino, tratamento ou custódia, quer privando-a de alimentação ou cuidados indispensáveis, quer sujeitando-a a trabalho excessivo ou inadequado, quer abusando de meios de correção ou disciplina:
Pena – detenção, de 2 (dois) meses a 1 (um) ano, ou multa.
§ 1º. Se do fato resulta lesão corporal de natureza grave:
Pena – reclusão, de 1 (um) a 4 (quatro) anos.

Crimes contra a criança e o adolescente

§ 2º. Se resulta a morte:
Pena – reclusão, de 4 (quatro) a 12 (doze) anos.
§ 3º. Aumenta-se a pena de 1/3 (um terço) se o crime é praticado contra pessoa menor de 14 (catorze) anos."

Como se vê, ambos os crimes (tortura e maus-tratos) têm similar objetividade jurídica, qual seja, a proteção da vida e da saúde da pessoa. Na espécie da lei penal comum, majorada a pena quando o crime se der contra criança (§ 3º). Os dois crimes são próprios, ou seja, a vítima deve estar sob a autoridade, guarda ou vigilância do autor do crime.

No plano do resultado, porém, os crimes divergem, porque nos maus-tratos a mera exposição a perigo de vida já configura o tipo, sendo que na tortura se exige algo mais, um *plus*, consistente no dano efetivo, no sofrimento intenso à vítima infantil.

Pode acorrer certa dúvida ao aplicador da lei se a conduta do agente tipifica-se como a do crime de maus-tratos ou de tortura. Aliás, Sérgio Salomão Shecaira[75] já colocava a seguinte questão: "A conduta do pai que, ao exceder-se em seu *ius corrigendi*, bate em seu filho sobre quem tem a guarda, mesmo sem lhe causar lesão, como forma de castigo pessoal, praticará a figura descrita no art. 1º, II?"

Tal conflito, à evidência, exigirá muita prudência do agente ministerial e do magistrado, pois muitas vezes não é fácil distinguir-se quando estamos no uso ou no abuso do *ius corrigendi*. Se podemos estabelecer uma fórmula para tal distinção, adotamos o seguinte precedente: "A questão dos maus-tratos e da tortura deve ser resolvida perquirindo-se o elemento volitivo. Se o que motivou o agente foi o desejo de corrigir, embora o meio empregado tenha sido desumano e cruel, o crime é de maus-tratos. Se a conduta não tem outro móvel senão o de fazer sofrer, por prazer, ódio ou

---

[75] *In*: "Algumas notas sobre a Nova Lei de Tortura". *Boletim IBCCRIM* -54/2.

qualquer outro sentimento vil, então pode ela ser considerada tortura" (RJTJSP-148/280, Rel. Canguçu de Almeida).

A propósito, recentemente, em nossa Capital, os jornais publicaram uma notícia digna de nota, porque bem ilustra o que aqui tratamos. Uma senhora, costureira de 44 anos, acorrentou seu filho de 12 anos a uma grade, para que não fugisse de casa. A Conselheira Tutelar que investigou a ocorrência referiu que tal fato se dera como *ato de desespero* da mãe, *um excesso de cuidado, para preservá-lo dos perigos da rua*. A mãe foi ouvida e declarou que havia *perdido a cabeça, que estava entristecida e arrependida porque o menino é teimoso e ela se preocupa com o que pode lhe acontecer nas ruas*.[76] À luz de nossa jurisprudência, isso não é o crime de tortura, mas é caso que exige acompanhamento técnico especial do Juizado da Infância e da Juventude.

Assim, no relacionamento entre pais e filhos existem muitos percalços. Os pais preocupam-se não só com a saúde, com a criação, com o bem-estar, mas sobretudo com a segurança dos filhos, porque vivemos em um mundo em desalinho. Não podemos exigir a educação de um príncipe num local de miséria. Tudo isso deve ser sopesado pelos agentes públicos, a fim de que não se desguarneça o *ius corrigendi*, mas não se ultrapasse a linha correcional.

- **Jurisprudência**
TORTURA. Criança. Caracterização. Agente que submete infante, sob sua guarda, a reiterados espancamentos. Crime que, por tratar-se de hediondo, impõe o cumprimento integral da pena em regime fechado. Inteligência do art. 233 da Lei 8.069 e art. 2º da Lei 8.072/90. (TJRJ; RT-750/698).

ESTATUTO DA CRIANÇA E DO ADOLESCENTE. Art. 233. Tortura. Preliminar de nulidade: Laudo peri-

---

[76] Vide *Jornal Zero Hora*, dia 11-7-2001, p. 37.

Crimes contra a criança e o adolescente

cial que não preenche os requisitos do art. 159, *caput*, do CPP. Rejeição. Matéria preclusa. Mérito. Réu confesso. Agressões perpetradas com um sarrafo em razão do desaparecimento de um vidro de perfume, querendo o réu que a vítima declarasse quem subtraíra o objeto em questão. Apelo improvido. (TJRS- RJTJRS-187/99).

• Omissão da autoridade competente na liberação imediata da criança ou do adolescente.
Art. 234 – Deixar a autoridade competente, sem justa causa, de ordenar a imediata liberação de criança ou adolescente, tão logo tenha conhecimento da ilegalidade da apreensão.
Pena – detenção de 6 (seis) meses a 2 (dois) anos.

Num Estado de Direito, como se sabe, a liberdade é a regra e a prisão uma exceção. Essa orientação vale não apenas para o adulto, imputável ou não, mas também para a criança e o adolescente, porque pessoas e sujeitos de direitos.

O direito da criança à liberdade é reconhecido na Convenção sobre os Direitos da Criança, adotada pela Assembléia-Geral das Nações Unidas em 20.12.89 e ratificada pelo Brasil em 24.9.90.

A Carta Federal, no art. 227, *caput*, impôs como *dever* da família, da sociedade e do Estado o asseguramento do direito de liberdade, que se insere na "trilogia básica dos direitos fundamentais da criança e do adolescente", como refere José Afonso da Silva.[77] Isso, ao lado da dignidade e do respeito, todos previstos no art. 15 do ECA. Afinal, é o art. 15 do Estatuto que "contém a norma atributiva do direito à liberdade à criança e ao adolescente".[78]

O dispositivo sob comentário, portanto, liga-se ao direito de liberdade. Obviamente, não em toda a amplitude explicitada no art. 16 do ECA, porque este ainda

---

[77] *In*: "Direitos Humanos da Criança". *Revista Trimestral de Direito Público*, n. 26, SP, Malheiros, 1999, p. 7.
[78] Idem, p. 8.

refere outros aspectos do direito de liberdade da criança e do adolescente (direito de brincar, direito à crença e ao culto religioso, direito à diversão, aos esportes, etc.), que não dizem diretamente respeito ao art. 234 do ECA. A norma penal em análise, portanto, liga-se à liberdade de ir e vir, aliás, como doutrina o magistrado gaúcho João Batista Costa Saraiva, "o simples fato de o jovem andar na rua não constitui ato infracional, ao contrário, seu recolhimento seria uma violação de seu direito de ir e vir, passível de ser protegido por *habeas corpus*, que é uma garantia constitucional, de conteúdo processual penal, a qual pode o jovem socorrer-se, podendo impetrá-lo em nome próprio ou alguém fazê-lo em seu favor, cabendo, a toda evidência, o seu deferimento de ofício pelo juízo".[79]

Para a criança e o adolescente, ademais, é ainda restrita a liberdade, porque "sua condição jurídica impõe limitações à sua liberdade de locomoção".[80]

O art. 106 do Estatuto determina que nenhum adolescente será privado de sua liberdade senão em flagrante de ato infracional ou por ordem escrita e fundamentada da autoridade judiciária competente. Destarte, aí estão as únicas hipóteses de apreensão de um adolescente: flagrante de ato infracional e ordem escrita e fundamentada da autoridade judiciária competente. Fora disso, presente a ilegalidade. Como já vimos, o art. 230 do ECA já prevê como crime a privação da liberdade da criança e do adolescente, em desobediência ao preceito do art. 106 referido.

Então, essa é a *objetividade jurídica* do crime: a proteção à liberdade da criança e do adolescente, bem como a obediência às formalidades expressas na lei.

- **Deixar**

Como nos artigos 228, 229, 231, *deixar* é não realizar, não fazer, não cumprir um dever previamente

---

[79] *In: Adolescente e Ato Infracional*, Porto Alegre, Liv. Advogado, 1999, p. 32.
[80] Ibidem, p. 9.

Crimes contra a criança e o adolescente

imposto por norma anterior. Na espécie, o agente ativo, a autoridade competente *deixa de ordenar a liberação de criança ou de adolescente indevidamente apreendido, tão logo fique sabendo de sua apreensão.* O crime em análise é omissivo próprio e independe de resultado naturalístico. É crime de mera conduta, portanto. É crime doloso e que não admite *a tentativa.*

O crime se consuma logo que a autoridade fica sabendo, de qualquer forma, que existe uma criança ou um adolescente que está detido (apreendidos) sem que tenham sido observadas as garantias legais inerentes ao *status libertatis.*

Estamos diante de um *crime próprio* que, repetimos o dizer do saudoso Heleno Fragoso, "são todos aqueles em que se apresentam como elementos constitutivos qualidades, estados, condições e situações do sujeito ativo, de forma explícita ou implícita".[81] Entende-se por "crime próprio, aqueles que pressupõem no agente uma particular qualidade ou condição pessoal", como ensinou Nelson Hungria.[82] No caso, portanto, deve-se perquirir quem é a *autoridade competente*, porque só esta pode cometer o crime do art. 234 do ECA.

- **a autoridade competente**

Afinal, quem é a *autoridade competente* a que se refere a lei?

A doutrina é quase uníssona ao afirmar que as autoridades competentes são o Juiz, o Promotor de Justiça e o Delegado de Polícia.

A nosso sentir, isso exige a devida compreensão, porque nem todas as autoridades são "competentes" para os fins do artigo.

Ocorre que o art. 146 do Estatuto dispõe que: "a autoridade a que se refere esta Lei é o Juiz da Infância e da Juventude, ou o Juiz que exerce essa função, na forma da Lei de Organização Judiciária local".

---

[81] *In: Lições de Direito Penal*, RJ, Forense, 1995, p. 270.
[82] *In: Comentários ao Código Penal*, Vol.I, T.II, RJ, Forense, 1983, p. 40.

Destarte, em princípio, é o Juiz Titular da Vara da Infância e da Juventude, ou outro Juiz de Direito que tenha atribuição, mesmo como Substituto, em tal matéria. Em muitas Comarcas inexiste Vara especializada nessa matéria, ficando a cargo de outro magistrado, que acumula a jurisdição comum com a especial de Infância e da Juventude. Hipótese digna de nota é a do art. 183 do ECA, que determina o prazo máximo e improrrogável para a conclusão do procedimento, estando o adolescente internado provisoriamente, que será de 45 (quarenta e cinco) dias. Destarte, superado tal prazo, um dia que seja, o adolescente já estará atingido no seu direito de liberdade. Todavia, pode existir justa causa para não se ordenar a liberação imediata desse adolescente, assim que superado o prazo de 45 dias de internação. Veja-se a hipótese de segurança pessoal do próprio adolescente, o qual, se for solto, correrá o risco de linchamento. Há justa causa para que não seja liberado, portanto. Agora, se o Tribunal competente, acolhendo *habeas corpus*, entender que há (ou houve) ilegalidade na apreensão do adolescente, ou que não há justa causa para manter-se o adolescente apreendido e que a autoridade judiciária agiu na ilegalidade, estará configurado o abuso e há de existir a ação penal.

A autoridade policial, o Delegado de Polícia, pode ser o *sujeito ativo* do crime. Afinal, é ela quem lavra o auto de apreensão; é quem o assina; é quem primeiro atesta-lhe a correção e a *legalidade*. Muitas vezes, é a autoridade policial quem detém o adolescente; é quem autoriza a apreensão nas dependências da Delegacia Especializada até lavrar-se o auto. A autoridade policial pode (e deve) ordenar a seus agentes a imediata soltura da criança ou do adolescente se constatar a *ilegalidade da apreensão*. Ainda, em se tratando o autor de Delegado de Polícia, há o concurso de crimes com o abuso de autoridade (Lei 4.898, art. 4º, *a*), porque objetividades jurídicas diversas são feridas: a liberdade da criança e do adoles-

Crimes contra a criança e o adolescente

cente e o regular funcionamento da Administração Pública, pela proteção dos direitos constitucionais do administrado.

Com relação ao Ministério Público, cabe alguma dúvida, porque não tem atribuição para emitir *ordem de soltura*, seja de criança ou adolescente apreendidos, ou de qualquer pessoa que esteja detida. Em outras palavras: não há subalternos que lhe cumpram tal "ordem".

O tipo refere-se a *ordenar*. Vejamos o caso de um Delegado de Polícia que lavra, ao arrepio da lei, um auto de apreensão de adolescente e o leva ao Promotor de Justiça. Obviamente, se lavrou o auto, e assim manteve apreendido o adolescente, a autoridade está convicta da "legalidade" de sua atuação. Neste caso, o agente ministerial não pode *ordenar* ao Delegado para que libere o adolescente, porque *não lhe compete homologar o flagrante*. Também não é superior hierárquico do Delegado de Polícia, não podendo *ordenar-lhe* qualquer comando. Deve o Promotor, então, comunicar ao juiz o ocorrido e postular providências. Em o juiz se omitindo quanto à ordem de soltura, deve comunicar o fato ao Procurador-Geral e ajuizar *habeas corpus* em prol da criança ou do adolescente.

Claro, pode ocorrer de o agente ministerial apreender indevidamente um adolescente. Mas, nesse caso, estará configurado o crime de abuso de autoridade, e não o dispositivo em foco, que pressupõe *ordem de liberação emitida por autoridade competente*.

O Membro do Conselho Tutelar, também, não é *autoridade competente* para ordenar a imediata liberação de criança ou adolescente indevidamente apreendidos.

O *dirigente de entidade* é um servidor público e não é *autoridade* e nem é *competente* para ordenar a liberação imediata de criança ou adolescente que estiver sob sua custódia. Não pode ser sujeito ativo deste crime, portanto.

Se o administrador de entidade entender que há ilegalidade em alguma apreensão, terá apenas dois caminhos: ou postula ao Juiz da Infância a liberação imediata da criança ou do adolescente, ou ajuíza o *habeas corpus*. Esta atuação tem ocorrido em nosso Estado, pelo vigilante trabalho do corpo de Defensores Públicos que atuam junto à FEBEM-RS. Caso o dirigente apreender indevidamente a criança, poderá estar incurso em outro crime, mas não neste sob comento.

Como se sabe, toda apreensão em flagrante de adolescente deve ser comunicada ao Juiz da Infância e da Juventude, afinal, para essa autoridade é que o adolescente deve ser encaminhado, nos termos do art. 171 do ECA. Se levada ao Ministério Público e este constata ilegalidade, deve comunicar incontinenti ao Juiz competente, para fins de imediata liberação. Isso é importante, porque determina a competência para o processo e julgamento criminal da autoridade, que será do Tribunal de Justiça, com acusação formulada pelo Procurador-Geral, em se tratando do Juiz da Infância e da Juventude ou de Juiz de Direito; ou será do Juízo Criminal da Comarca, em se tratando de autoridade policial, com acusação do Promotor de Justiça da Vara Criminal.

- **sem justa causa**

Como sabemos, o tipo é composto de elementos objetivos, subjetivos e, às vezes, elementos normativos. Os elementos objetivos, ou *objetivos-descritivos*, como diz Cezar Roberto Bitencourt, "são identificados pela simples constatação sensorial, isto é, podem facilmente ser compreendidos somente com a percepção dos sentidos".[83] Os elementos objetivos são os que se referem à materialidade da infração penal, no que concerne à forma de execução, tempo, lugar etc.[84] Os elementos subjetivos são concernentes ao estado anímico ou psico-

---

[83] *In: Manual de Direito Penal*, Parte Geral, SP, Saraiva, v.1, p. 200.

[84] Jesus, Damásio de. *Direito Penal*, 24ª ed., 2001, p. 272.

Crimes contra a criança e o adolescente

lógico do agente, e os normativos exigem, para sua ocorrência, "um juízo de valor dentro do próprio campo da tipicidade".[85]

No caso, a expressão *sem justa causa* apresenta-se como um elemento normativo do tipo, alargando a apreciação do juiz na conformidade típica do fato concreto. Entende-se por *justa causa* aquela que está conforme ao direito, isto é, "o *fumus boni iuris* para o processo, vale dizer, a boa razão fundada em fatos comprováveis por indícios suficientes de autoria e materialidade da infração capazes de permitir as restrições preliminares ao direito de liberdade".[86] Isso significa que se estiver presente uma *justa causa*, naquele caso concreto, o magistrado ou a autoridade policial poderá não determinar a soltura imediata da criança ou do adolescente, que não cometerá o crime do art. 234 do ECA.

De outra banda, pode existir *erro de fato* na apreciação dessa justa causa, com o que também inocorre o crime em questão. Veja-se o caso de magistrado deprecado que determina o cumprimento de carta precatória de busca e apreensão de adolescente, no momento em que a ordem é revogada no juízo deprecante ou pelo Tribunal. Não há crime, à evidência.

Por outro lado, se o magistrado determinar a soltura imediata da criança ou do adolescente e qualquer funcionário não cumprir tal ordem, este não se abrigará em eventual *justa causa* e responderá por outro crime (prevaricação, desobediência à ordem judicial, etc.).

- **de ordenar a imediata liberação de criança ou adolescente, tão logo tenha conhecimento da ilegalidade da apreensão.**

Destarte, como se viu retro, somente a autoridade competente, *sujeito ativo*, pode *ordenar* a liberação de criança ou adolescente indevidamente apreendidos. A ordem, à evidência, pressupõe quem a obedeça. Por isso

---

[85] Idem.

[86] *In*. Maurício Antonio Ribeiro Lopes: "O *Habeas Corpus* no Estatuto da Criança e do Adolescente", *Apud Justiça Penal* n.5, SP, RT, 1998, p. 181.

é que dissemos que o agente ministerial não pode ser sujeito ativo nesse crime, porque não tem chave de nenhum estabelecimento de recolhimento de adolescentes e nem possui servidores encarregados de proceder à apreensão de adolescentes ou de crianças.

Considera-se *criança* a pessoa até 12 (doze) anos de idade incompletos, e *adolescente* aquela entre 12 (doze) e 18 (dezoito) anos de idade, como reza o art. 2º do ECA. São *os sujeitos passivos* do crime.

A *ordem* de que trata a lei pode ser verbal ou escrita. Se verbal, deve vir posteriormente ratificada pela autoridade. Admitimos essa ordem verbal, desde que aquele que a cumpra tenha certeza (e prova) de sua origem. O importante, ao que nos parece, é que não se pode deter indevidamente a criança ou o adolescente, por mais tempo, sob o argumento formal da falta de um papelório (alvará). Diante da *ordem* de liberação, há que se liberar e pronto.

A expressão *tão logo tenha conhecimento* explica-se por si só. Esse conhecimento pode chegar à autoridade das mais variadas formas, bastando que a autoridade constate a indevida e ilegal apreensão. Pode vir pela comunicação da autoridade policial ou de terceiro, via telefone, carta, denúncia anônima, enfim. Ao juiz incumbe averiguar a veracidade do fato e a juridicidade da apreensão.

A propósito de *apreensão*, repetimos, a lei não parece ter sido muito técnica a respeito. Afinal, apenas o adolescente é "apreendido", consoante o art. 107 do ECA. O adolescente é apreendido em flagrante, quando lavra-se o auto de apreensão em flagrante. Ao adolescente autor de ato infracional se impõem as medidas sócio-educativas previstas no art. 112 do Estatuto, podendo lavrar-se auto de apreensão; à criança se aplicam somente as medidas do art. 101 do ECA, sem a possibilidade do auto de apreensão em flagrante. Enfim, quando a lei dispôs a respeito, deu a entender que há a possibili-

Crimes contra a criança e o adolescente

dade de "apreensão" de criança por ato infracional, o que é incorreto.

A ilegalidade da apreensão surge não apenas de aspectos formais, indevidamente cumpridos, ou descumpridos, mas também de aspectos fáticos, isto é, relativos à própria ocorrência. Veja-se, *v.g.*, que um auto de apreensão em flagrante indevidamente lavrado, ou formalmente inadequado ou omisso em suas comunicações, é uma ilegalidade. Esta, que pode determinar a punição da autoridade policial (arts. 230, Par. Único, ou 231 do Estatuto) não deve ser homologada pelo magistrado, isso, *ipso facto*, determina a imediata liberação da criança ou do adolescente.

Relativamente à *imediata liberação* do adolescente ou da criança, ela se liga ao *pronto conhecimento*, pela autoridade, *da ilegalidade da apreensão*. Significa, em suma, que no mesmo momento (no mesmo instante) em que a autoridade tenha ciência da ilegalidade deve existir a ordem para sua liberação.

- **Descumprimento de prazo que beneficia adolescente privado de liberdade.**
Art. 235. Descumprir , injustificadamente, prazo fixado nesta lei em benefício de adolescente privado de liberdade.
Pena – detenção de 6 (seis) meses a 2 (dois) anos.

A Lei nº 8.069/90 tem um regramento de prazos de cunho material (art. 83, § 2º, 108 etc.) e processual (art. 198, inc. II, *v.g.*). Tais prazos ora servem de garantia para o adolescente, ora para nortear as atividades daqueles que com eles se envolvem, sejam agentes públicos ou não.

Com efeito, sabido que o tempo pode causar danos em dada situação fática, não poderia o legislador deixar sem qualquer consideração a questão dos prazos que dizem respeito ao direito de liberdade do adolescente.

Na espécie, a rigor, o crime analisado gira ao redor do asseguramento de prazos ao adolescente que praticou ato infracional, que são aqueles que, geralmente, ficam *privados de liberdade*, ou seja, para assegurar que os prazos determinados em lei sejam cumpridos ou descumpridos apenas de forma excepcional e devidamente justificada.

Para a criança, porque não pode ficar *privada de liberdade* em nenhuma hipótese, não se oportuniza a consideração de *prazo legal* em tal sentido. Se a criança for indevidamente *privada de sua liberdade*, outro dispositivo penal será considerado (art. 148 do CP, *v.g.*), com a agravante do art. 61, inc. II, letra *h* do C. Penal.

Estamos diante de *norma penal em branco imprópria*,[87] porque se exige descumprimento de prazo previsto na própria lei, ou seja, a acusação deve demonstrar a existência e a vigência do prazo do ECA, que foi violado ou descumprido pelo agente do crime.

Não basta demonstrar descumprimento de prazo de lei diversa, nem que seja do Código Processual Penal, nem mesmo prazo judicial (fixado pelo juiz em sentença ou despacho), em face do princípio da legalidade, porque a lei penal analisada refere que os prazos a serem observados são os que constam *nesta Lei*.

Eventual argumento no sentido de que a norma do art. 226 do ECA permite a aplicação do Código de Processo Penal aos crimes da infância e da juventude não pode ser acolhido, seja em face do princípio da legalidade, seja porque estamos diante de norma penal incriminadora, que não pode ser interpretada analogicamente ou por extensão. Se a lei penal refere "nesta lei", obviamente, apenas a Lei nº 8.069/90 pode ser considerada.

O tipo é também conhecido por "*descumprimento de prazo*".[88] Preferimos expressão mais clara, porque o descumprimento de prazo diz respeito apenas ao interesse de adolescente privado de liberdade.

---

[87] PEDROSO, Fernando de Almeida. *Direito Penal*, 3ª ed. LEUD, p. 219.
[88] NOGUEIRA, Paulo Lúcio. Op. cit., p. 354 e CHAVES, Antonio, op. cit., p. 749.

Crimes contra a criança e o adolescente

- **Descumprir**

Não é muito técnica a redação do art. 235, porque ao se utilizar do verbo *descumprir* parece dar uma visão de Direito Penal Militar ao Direito da Infância e da Juventude, no sentido de descumprimento de ordem, de anterior comando.

O verbo "descumprir" demonstra que o crime é *omissivo próprio*, ou seja, o agente deixa de cumprir algo ou alguma coisa. É um comportamento de omissão, porque o agente ativo do crime não faz, não segue aquilo que lhe é determinado ou não cumpre o que lhe é indicado em lei, em benefício de adolescente infrator.

O crime exige dolo do agente e não permite a *tentativa*, porque estamos diante de crime de mera conduta.

Este crime só se *consuma* assim que decorrido o prazo que beneficia ao adolescente. Se for prazo em dias ou em horas, desimporta, na hora ou no minuto seguinte ao seu escoamento já se terá consumado o crime, porque o agente terá descumprido o prazo legal apontado. Obviamente, exige-se o atendimento de outros requisitos, como veremos.

A *objetividade jurídica* ainda é o *status libertatis* do adolescente, afinal, mesmo que se restaure a liberdade, o ofensor será responsabilizado criminalmente se tiver agido com dolo.[89]

- **injustificadamente**

Estamos diante de *um tipo aberto*, ou seja, o intérprete deve completar o tipo, perquirindo *qual o prazo* do Estatuto que foi deliberadamente descumprido, em prejuízo do adolescente autor de ato infracional.

É também um *tipo anormal*, porque alarga o campo de análise do intérprete, dele exigindo um prévio juízo de valor concernente à antijuridicidade do fato.[90] Em outras palavras: só teremos o crime em questão se a

---

[89] ELIAS, Roberto João. *Op. cit.*, p. 208.
[90] PEDROSO, Fernando de Almeida, *op. cit.*, p. 210.

conduta for *injustificada*. Então, precisamos não apenas saber o que está justificado, bem como se tal conduta se enquadra como justificável ou injustificável.

O advérbio de modo *injustificadamente*, portanto, diz respeito àquilo que não tem justificação. Obviamente, a justificação que aqui se trata abarca tanto a justificação jurídica como a comum, ou seja, a justificação prevista em lei e também aquela plausível perante o magistrado.

À evidência, a utilização dessa expressão na lei é por todo modo condenável, porque indica a existência de situação que possa "justificar" uma conduta contrária ao direito, o que é abominável sob o ponto da legalidade.

A expressão *injustificadamente* também foi utilizada na parte penal do Código de Defesa do Consumidor (art. 71), quando sofreu acirrada crítica de René Ariel Dotti.[91]

Apresenta-se, em princípio, como *injustificável, v.g.*, a conduta do magistrado que mantém o adolescente internado provisoriamente além do prazo de 45 dias. Este é o prazo máximo permitido pela lei estatutária para que se conclua o procedimento especial (arts. 105 e 183, ECA).

Não se pode negar que mais proximamente de serem *agentes ativos do crime* estão aqueles que se envolvem no procedimento especial, que apura ato infracional de adolescente, ou seja, o dirigente de entidade de atendimento, a autoridade policial, o agente do Ministério Público e o Juiz da Infância e da Juventude. Mas, a rigor, o agente ativo do crime pode ser qualquer pessoa, desde que descumpra um prazo previsto na Lei, que venha a beneficiar o adolescente privado de liberdade.

É interessante observar este crime em cotejo com o anterior, isto é, com o art. 234 do ECA.

Pelo art. 234 responde apenas a autoridade competente, porque o crime é próprio. O art. 234 está ligado à apreensão ilegal da criança ou do adolescente. Pelo art.

---

[91] *In: Comentários ao CDC*, RJ, Forense, p. 286.

Crimes contra a criança e o adolescente

235 do ECA, podem responder não apenas o magistrado, mas outras pessoas, a autoridade policial ou o Promotor de Justiça, que descumprirem qualquer prazo do ECA. O dispositivo está ligado a prazo que beneficia a criança ou o adolescente, infrator ou não. Adolescente infrator, a propósito, é aquele que comete um ato infracional (um crime ou uma contravenção) e é quem, geralmente, está mais sujeito à restrição de liberdade. O art. 234 pressupõe a emissão de uma ordem de soltura, que é omitida pelo agente; no art. 235 a ordem de soltura não é relevante à tipificação do crime.

O *sujeito passivo* é apenas o adolescente, isto é, aquela pessoa com mais de doze anos e até dezoito anos de idade. Além disso, exige-se que o adolescente esteja privado de sua liberdade sem qualquer justificativa. Já referimos, a norma não abrange a criança (até doze anos de idade incompletos), mesmo porque ela não é passível de apreensão e não pode ser privada de sua liberdade, como apontamos.

- **prazo fixado nesta lei em benefício de adolescente privado de liberdade**

Como sabemos, *prazo* é o lapso de tempo dentro do qual um ato deve ser praticado; é no *prazo* que o ato deve ser cumprido. Se o prazo previsto na lei (legal) não está sendo cumprido (e veio em benefício do adolescente infrator), está havendo constrangimento ilegal passível de *habeas corpus*.

A norma em estudo, pelo que se nota, exige três pressupostos de incidência para se acolher o descumprimento do prazo como crime: 1) que seja injustificável o descumprimento do prazo; 2) que o prazo esteja previsto na Lei nº 8.069/90 e que venha em benefício do adolescente e 3) que esse adolescente beneficiado pelo prazo esteja privado de sua liberdade, seja adolescente infrator ou não.

A ausência de um desses pressupostos implica conduta atípica, por falta de atendimento ao tipo.

O descumprimento do prazo (1) é injustificável, quando não há razão fática ou jurídica que o ampare. É a desculpa sem justificativa, o motivo *furado*, a desculpa frágil. Vide o que dissemos acerca do advérbio injustificadamente.

Prazos descritos (2) em lei são inúmeros, porém, nem todos se aplicam à hipótese, porque se exige que venha em benefício do adolescente (entre doze e dezoito anos de idade), isto é, prazo que beneficia a criança não é considerado para o fim de incidência do tipo. Se o prazo foi fixado pela autoridade judiciária (prazo judicial) e for descumprido pode existir outro crime, mas não o do art. 235 do ECA.

Exige-se, ainda, que o adolescente esteja privado de sua liberdade (3) e que seja beneficiado, direta ou indiretamente, por esse prazo legal. Adolescente privado de liberdade pode ser aquele internado provisória ou definitivamente, isso não importa. Basta que tenha restrição ao seu direito de ir e vir.

O Ministério Público, ademais, deve apontar no ECA qual o prazo que foi descumprido. Para ser absolvido, fica a cargo do réu a prova da justificativa que afastaria o crime.

A autoridade policial, *v.g.*, tem o dever de apresentar o adolescente, desde logo, ao Ministério Público. A lei não outorgou prazo de apresentação do adolescente pela autoridade policial, mas apenas à entidade de atendimento (art. 175, § 1º, ECA): 24 horas. Todavia, entende-se que se a autoridade policial ultrapassar o prazo de 24 horas, tal como tem para encaminhar o flagrante, estará incurso neste crime, e não no crime de abuso de autoridade. Neste caso, parece-nos que houve certo cochilo do legislador, porque deveria ter sido expresso no prazo para a apresentação do adolescente.

O *dirigente da entidade* que recebeu o adolescente da autoridade policial, *v.g.*, tem o prazo de 24 horas para apresentá-lo ao Ministério Público (art. 175, § 1º, do ECA). Se não o fizer, em princípio, estará incurso no art. 235.

Crimes contra a criança e o adolescente

O agente do Ministério Público, a quem foi apresentado o adolescente privado de sua liberdade, no mesmo dia (art. 179, ECA), deve proceder à sua ouvida e a de seus pais, a fim de decidir a providência. *No mesmo dia* significa no período máximo de até vinte e quatro horas contados de sua apreensão. Tal prazo, se descumprido, implica responsabilização penal do agente ministerial.

A autoridade policial que receber o adolescente, enquanto este aguarda remoção para a competente entidade de internação, não pode retê-lo por mais de cinco dias (art. 185, § 2º, do ECA). Deve levar o caso à autoridade judiciária, sob pena de ser responsabilizado. Neste caso, se o magistrado não possui outro local adequado para a retenção do adolescente, o descumprimento estará *justificado,* e crime não haverá.

O magistrado, porém, que injustificadamente postergar o procedimento especial, quando o adolescente estiver recolhido provisoriamente, por mais de 45 dias (arts. 105 e 183), como dissemos, ou que não reavalia o adolescente já internado, no prazo de seis meses (art. 121, §2º), estará, se não apresentar justificativa adequada, incurso no tipo penal estudado. Da mesma forma ocorrerá se o magistrado puser mais de três meses de internação, para caso de adolescente que descumpriu injustificadamente a medida imposta (art. 122, §1º). Esses são prazos que beneficiam o adolescente.

- **Embaraçamento de atividades do juiz e do promotor competentes e do conselheiro tutelar.**
Art. 236. Impedir ou embaraçar a ação de autoridade judiciária, membro do Conselho Tutelar ou representante do Ministério Público no exercício de função prevista nesta lei.
Pena – detenção de 6 (seis) meses a 2 (dois) anos.

Ao lado das atividades afetas à área da infância e da juventude, naturalmente incumbidas ao Poder Judiciário e ao Ministério Público, o ECA criou outro órgão para o auxílio na tarefa de atendimento à doutrina da proteção integral de crianças e adolescentes: o Conselho Tutelar. Trata-se de um órgão permanente e autônomo, não jurisdicional, encarregado de zelar pelo cumprimento dos direitos da criança e do adolescente, nos termos do art. 131 do ECA.

Considerando que a lei estatutária definiu atribuições e campos de atuações para tais órgãos (jurisdicionais e não-jurisdicionais), relevantes funções,[92] não teria sentido deixá-los sem proteção no desempenho de suas atividades. Daí a *objetividade jurídica* deste artigo: a proteção aos agentes públicos envolvidos no exercício das tarefas definidas no Estatuto da Criança e do Adolescente, pela garantia de funcionamento da Justiça da Infância e da Juventude, sem impedimentos ou embaraços de quem quer que seja, como ensina Wilson Donizeti Liberati.[93]

O crime em estudo é comissivo e doloso. Consuma-se quando há efetivo impedimento às atividades do Juiz da Infância e da Juventude, do agente ministerial ou do membro de Conselho Tutelar.

O crime é também conhecido por *embaraço de ação de autoridade*[94] ou por *impedir ou embaraçar ação de autoridade*,[95] com o que não concordamos, porque o Conselheiro Tutelar não é autoridade, mas um servidor público que não se enquadraria no título *ação de autoridade*.

- **Impedir ou embaraçar**

Impedir é não permitir que alguém faça algo ou alguma coisa. É obstar, interromper, paralisar a atuação dos mencionados servidores públicos.

Embaraçar é causar embaraço, estorvar. Embaraço é um obstáculo. Assim, embaraçar é dar causa a um obstáculo, a um estorvo, é ocasionar óbices, uma real *perturbação* à atividade funcional estatutária. Distingue-se

---

[92] ELIAS, Roberto João. *Op. cit.*, p. 208.
[93] *In: Comentários ao Estatuto da Criança e do adolescente*, cit., p. 226.
[94] CHAVES, Antonio. Op. cit., p. 748.
[95] NOGUEIRA, Paulo Lúcio. *Op. cit.*, p. 355.

Crimes contra a criança e o adolescente

do impedimento, portanto, porque neste existe uma frustração total da atividade da autoridade, sendo que no embaraço existe uma perturbação de cunho passageiro ou parcial.

Se o crime consumado é aquele que, em concreto, reuniu todos os elementos de sua definição legal, o art. 236 *não admite a tentativa*, porque quem *tentar impedir* já está *embaraçando* o exercício da atividade daqueles agentes. Aquilo que seria mero crime tentado, na espécie, já é crime consumado. Então, apesar de ser um crime comissivo, nele não se admite tentativa, porque a mera ocorrência desta já é considerada como crime consumado.

O sujeito ativo do crime, portanto, pode ser qualquer pessoa que impeça ou embarace a tarefa do Juiz da Infância e da Juventude (ou de Juiz Substituto naquela função), do Promotor de Justiça da Infância e da Juventude ou do Conselheiro Tutelar. Estes, também, são os *sujeitos passivos* do crime.

O tipo é alternativo, pelo que desimporta que tenha havido um embaraço e outro impedimento. A ocorrência de embaraço e de impedimento não configura dois crimes, mas apenas um. Se um agente embaraçar e outro impedir dois serão os denunciados pelo mesmo crime.

É preciso algum cuidado, quando houver uma oposição (impedimento) violenta por parte do agente ativo do crime. Neste caso, se o agente do crime resistir (opor-se) à atuação do servidor, que está cumprindo uma atividade inerente ao Estatuto, aquele estará incurso no art. 236 do ECA. Porém, se o criminoso utilizar-se ainda de violência ou de ameaça ao servidor, a norma aplicável será a do art. 329 do CP (resistência), em face do princípio da especialidade, porque o art. 236 não previu a ameaça ou a violência como elemento do tipo. Veja-se que se a oposição do agente faz com que o ato da autoridade não se execute, o que equivale a um impedimento (impedir), a pena é maior (reclusão de um a três anos – art. 329, § 1º, CP).

Não se pode ignorar, ainda, o crime de coação no curso de processo (art. 344 do C. Penal), que também pode dar causa ao afastamento da norma do art. 236 do ECA. Por outro lado, pode existir *concurso de crimes*. Quando o criminoso, *v.g.*, solicita uma vantagem financeira, para influir no ato da autoridade e vai até esta com o fito de impedir-lhe a atuação, o crime virá em concurso com o art. 332 do C. Penal (Tráfico de influência), porque já terá embaraçado-lhe a atuação.

- **a ação de autoridade judiciária**
  Ação é um atuar positivo de alguém. Como se sabe, o ECA traz um regramento descritivo de ações e de obrigações para toda a sociedade, mas especialmente ao Estado e a seus órgãos ou agentes públicos, que, a rigor, devem ser primeiros naquela *ação positiva*.
  Ocorre que sem a atuação efetiva do Estado e de seus agentes tem-se certa dificuldade na aplicação da lei estatutária. Às vezes, a Sociedade *não enxerga* que o fim *proteção integral da criança e do adolescente* é um fim que deve ser a prioridade de todos; outras vezes, a sociedade espera uma atuação dos agentes públicos, para só então se envolver naquela proteção. Tivemos um caso, *v.g.*, onde uma entidade de certa localidade se "rebelou", porque o Juiz da Infância e da Juventude de outra Comarca lhe enviou uma adolescente para abrigo, porque sua Comarca tinha dificuldades momentâneas de abrigar a criança. Entendia-se, numa atitude mesquinha, que cada município devia cuidar das suas crianças, o que não tem apoio legal.
  Para a aplicação imediata do Estatuto, nos seus direitos e obrigações, a lei incumbiu o Poder Judiciário, o Ministério Público e o Conselho Tutelar para tal tarefa. Inúmeros dispositivos legais regram a atuação desses órgãos, ora conjunta, ora separadamente.
  A atuação da autoridade judiciária, *v.g.*, é imensa, porque lhe cabe não apenas a condução de procedimentos, mas um efetivo comprometimento na proteção inte-

Crimes contra a criança e o adolescente

gral. Como diz ELIAS, o juiz deve observar com rigor a sua área de competência.[96]

Autoridade Judiciária, para o artigo em comento, é apenas a autoridade do Poder Judiciário, mas não é somente o Juiz da Infância e da Juventude (art. 146, ECA), mas também aquele magistrado que atua por designação, por substituição, enfim, que esteja em oficiando nos serviços de proteção aos direitos fundamentais da infância e da juventude. O termo *autoridade judiciária* é amplo e não se encerrou em *autoridade judiciária competente*, tal como fez no art. 231 do ECA. A Lei Estatutária reservou uma seção com a chamada "Do Juiz", arts. 146 *usque* 149 (Seção II, Cap. II, Título VI, Livro II), para definir atribuições, competências, enfim, regrar a atividade dessa autoridade no campo protetivo da criança e do adolescente.

Ninguém, exceto dentro do devido processo legal (impedimento do Juiz da Infância, ou pela via recursal, p. ex.), pode obstar a realização dessas atividades. Obviamente, o normal exercício da via recursal, que muitas vezes pode ocasionar alguns embaraços à atividade jurisdicional, não dá causa ao crime. A eventual sanção fica no plano do processo, e não no plano penal (litigância de má-fé).

O descumprimento de prazos concedidos pelo magistrado, *v.g.*, para a apresentação de laudos técnicos relativos à criança e ao adolescente, tem sido até comum na atividade da infância e da juventude. A falta de exames periciais, *v.g.*, causa embaraços à atividade judicial. Obviamente, se o Juiz da Infância e da Juventude estiver na instrução de um procedimento especial, pode haver responsabilização penal, na forma deste artigo.

- **membro do Conselho Tutelar**

O Estatuto reservou um Título para o Conselho Tutelar (Título V, Livro II - arts. 131 a 140), que é um órgão municipal (art. 132, ECA), não-jurisdicional e

---

[96] *Op. cit.*, p. 209.

criado por lei do próprio município de sua abrangência (art. 134). A lei do Município, portanto, é que delimita integralmente o acesso ao Conselho, podendo, para tanto, exigir até a prestação de provas seletivas de seus futuros membros.

Seus membros são denominados Conselheiros Tutelares e têm, mesma forma, sua competência (art. 147) e sua atribuição regradas na lei (art. 136 e incisos do ECA). Ademais, a lei municipal pode exigir o atendimento de condições para ingresso na função (inclusive concurso público), porque, a rigor, o Conselheiro enquadra-se como "servidor público", prestador de um serviço público, ocupante de um cargo da esfera pública e, via de regra, remunerado pelo dinheiro público.

No exercício de tais atribuições, os membros do Conselho têm plena autonomia e no seu desempenho não podem ter qualquer empecilho, embora suas decisões possam ser revistas pela autoridade judiciária (art. 137). As decisões do Conselho têm um certo "caráter" de jurisdicionais. Veja-se o caso de aplicação de uma medida prevista no art. 101, cuja competência lhe outorga o art. 136, inc. I, do ECA. O magistrado que a modifica, obviamente, não comete qualquer crime, porque está no exercício de sua competência. Todavia, se o Conselheiro não a cumprir, estará incurso no tipo em análise. Com isso se vê que o topo da pirâmide decisória, em primeira instância, é o Juiz da Infância e da Juventude.

Como se disse, o Conselho Tutelar não é órgão jurisdicional, pelo que o Conselheiro é um servidor público *lato sensu*, podendo até enquadrar-se na norma do art. 327 do CP. Pode cometer um crime previsto no próprio ECA, inclusive o sob comentário, ou cometendo outro, receber a agravante cabível do Código Penal (art. 61, II, *g*).

- **ou representante do Ministério Público**

O Ministério Público é função essencial à atividade jurisdicional (art. 127, CF), sendo órgão autônomo e

Crimes contra a criança e o adolescente

independente. O órgão deve obediência apenas ao regramento constitucional, ao legal ordinário e especial e à sua Lei Orgânica (Lei Federal nº 8.625/93). A obediência ao ECA insere-se no regramento especial de proteção à criança e ao adolescente. Da mesma forma, a sua atuação na matéria de Infância e Juventude está prevista na lei (arts. 201 a 205).

O agente do Ministério Público tem atuação diversa no ECA em cotejo com aquela do processo civil, quando atua na proteção dos incapazes (art. 82, inc. I, do CPC). O que justifica a atuação ministerial em favor dos incapazes no processo civil é a presença de um hipossuficiente no pólo ativo ou passivo da ação; no ECA, como a criança e o adolescente não são titulares de ação ou defesa, o agente ministerial atua como *custos legis*. Como ensina Antonio Claudio da Costa Machado: "por intermédio de sua atuação, propugnará sempre tal Promotoria especializada, pela providência que melhor se ajuste aos interesses do incapaz, seja ela qual for".[97]

O Ministério Público, *v.g.*, quando instaura um procedimento, pode promover inspeções nos estabelecimentos que abriguem criança e adolescente (art. 201, VI, *b*, ECA). Isso, independente de prévio aviso à entidade. Se o diretor do estabelecimento ou qualquer servidor negar-se a tanto, alegando, por exemplo, que não havia sido marcada a visita, haverá, no mínimo, embaraço à atividade ministerial, configurando-se o crime em estudo.

- **no exercício de função prevista nesta lei**

Pode-se afirmar que só existirá o crime do art. 236 do ECA se os agentes públicos apontados (Juiz da Infância e da Juventude e Promotor de Justiça da Infância e da Juventude) e o Conselheiro Tutelar estiverem no exercício de função prevista no próprio Estatuto, ou seja, no trabalho da Infância e da Juventude, na função descrita na Lei nº 8.069. Muitas vezes, lida-se com

---

[97] *In: A intervenção do Ministério Público*, SP, Saraiva, p. 519.

crianças e adolescentes, mas na esfera do Direito de Família, *v.g.* Neste caso, o impedimento à atividade judicial pode configurar outro crime (p. ex. art. 249, CP.), mas jamais o do art. 236 do ECA, porque nem é o Juiz da Infância e da Juventude quem está sendo "impedido ou embaraçado" em sua atuação, e nem está em curso um agir da forma prevista na Lei nº 8.069/90. Veja-se o caso de Conselheiro Tutelar que adentra no serviço do Oficial de Justiça que atua junto à Vara de Família, sob a alegação de prestar-lhe auxílio. Se houver impedimento à atuação desse Conselheiro, não haverá o crime do art. 236 do ECA, porque estava fora de suas atribuições, embora estivesse tratando com criança e adolescente.

O órgão de acusação, obviamente, deve apontar em sua denúncia qual a atividade legal que estava em curso, quando o Juiz, o Promotor de Justiça ou o membro do Conselho tiveram impedimentos ou embaraços no seu mister.

- **Subtração de menor do seu guardião**

Art. 237. Subtrair criança ou adolescente ao poder de quem o tem sob sua guarda em virtude lei ou ordem judicial, com o fim de colocação em lar substituto.

Pena – reclusão de 2 (dois) a 6 (seis) anos, e multa.

A guarda fática e jurídica de criança ou adolescente é um dos atributos do pátrio poder. Neste caso, temos a guarda decorrente da própria lei, porque o Código Civil assegura aos pais o direito de ter os filhos sob sua companhia e guarda.

Pode ocorrer, todavia, de o infante ter a guarda modificada em razão de ordem judicial, seja encaminhando-se à adoção ou à família substituta, ou até a uma entidade de abrigo. Em tais casos, seja em virtude de lei, seja por ordem judicial, cumpre que a guarda da criança ou do adolescente seja mantida incólume, sob pena de responsabilização criminal daquele que a ameaça ou a viola.

Crimes contra a criança e o adolescente **95**

O tipo em estudo, portanto, visa a garantir não só a segurança da criança e do adolescente, ou o direito de guarda inerente ao pátrio poder, a tutela e a curatela, mas assegura-se a autoridade do Estado na matéria de infância e juventude. Evita-se que a criança ou o adolescente sofram atentados aos seus direitos fundamentais, tal como veda o art. 5º da Lei nº 8.069/90, mas também impõe o respeito à situação jurídica consolidada. Eis a *objetividade jurídica*.

O dispositivo, a rigor, teve em mira coibir a comercialização de menores,[98] anomalia que tem ocorrido em nosso país.

- **Subtrair criança ou adolescente**
O verbo *subtrair* significa retirar, tirar, arrebatar. No caso, a subtração diz respeito à criança e ao adolescente. *Subtrator* é aquele que subtrai, o agente do crime, portanto. O *subtraído* é aquele que se subtraiu, ou seja, a criança ou o adolescente.

O Código Penal refere-se tanto à subtração de coisa (art. 155 do CP), quanto à subtração de pessoa (art. 249 do CP).

No art. 249 do Código Penal temos o crime de subtração de incapazes e está assim redigido:

"Art. 249. Subtrair menor de 18 (dezoito) anos ou interdito ao poder de quem o tem sob sua guarda em virtude de lei ou de ordem judicial:
Pena- Detenção, de 2 (dois) meses a 2 (dois) anos, se o fato não constitui elemento de outro crime.
§ 1º. O fato de ser o agente pai ou tutor do menor ou curador do interdito não o exime de pena, se destituído ou temporariamente privado do pátrio poder, tutela, curatela ou guarda.
§ 2º. No caso de restituição do menor ou do interdito, se este não sofreu maus tratos ou privações, o juiz pode deixar de aplicar a pena".

---

[98] ISHIDA, Valter Kenji. *Op. loc. cit.*, p. 407.

Como se vê, não houve qualquer atingimento[99] desse dispositivo legal, porque o tipo do art. 237, em estudo, exige uma *finalidade: colocação em lar substituto.* Isso o distingue sobremodo do art. 249, CP. Destarte, se ausente o *especial fim de agir,* a finalidade, inocorre o crime do art. 237 do ECA, mas sim o art. 249 do CP.

O dispositivo visa à proteção de criança ou do adolescente, isto é, pessoa até doze anos incompletos (criança) ou entre doze e dezoito anos (adolescente). Ao lado dos pais, do tutor, às vezes, do curador ou do guardião, as crianças e adolescentes são os *sujeitos passivos* do crime.

O crime é doloso e admite *a tentativa,* isto é, exige-se do agente o dolo direto na prática do crime, a vontade de subtrair uma criança ou adolescente o poder legítimo de alguém, para encaminhá-la a lar substituto. *Consuma-se* o crime no instante em que a criança ou o adolescente ingressa na família substituta. Se o agente não conseguir seu intento, o crime será tentado.

O encaminhamento da criança ou adolescente mediante o recebimento de paga, para família substituta, pode configurar o crime do art. 238 do ECA, e não este.

O *sujeito ativo* do crime pode ser qualquer pessoa, desde que retire uma criança ou adolescente que está sob a guarda legal ou judicial de alguém, com o fim de encaminhá-lo a um lar substituto. Os pais também podem ser agentes ativos no crime, podendo configurar-se, até, o *concurso de pessoas.*

Neste tipo, enquadra-se aquele que retira da maternidade o bebê recém-nascido, subtraindo-o da vigilância da mãe, para comercialização.

Preferimos, como denominação desse crime, aquela utilizada por Paulo Lúcio Nogueira:[100] *subtração de menor do seu guardião,* porque encerra tudo aquilo que está no tipo.

---

[99] Guilherme Calmon Nogueira da Gama entende pela "revogação parcial do art. 249 do C. Penal". *In: A família no Direito Penal,* p. 272.

[100] NOGUEIRA, Paulo Lúcio, *op. cit.,* p. 357.

Crimes contra a criança e o adolescente

- **ao poder de quem o tem sob sua guarda em virtude de lei ou ordem judicial**

A rigor, quando a criança e/ou o adolescente estão sob a *guarda* de alguém, ou estão em decorrência da lei (pátrio poder, *v.g.*) ou estão por ordem judicial (guarda em família substituta, tutela *v.g.*). A guarda por terceiros com ordem legítima dos pais decorre do pátrio poder, isto é, os pais podem deixar os filhos com vizinhos ou amigos, desde que isso seja temporário (uma curta viagem, p. ex.) e não vá prejudicar a formação da criança.

Em qualquer caso de guarda, a criança e o adolescente devem estar em situação jurídica perene, ou seja, têm a garantia, legal ou judicial, de que não serão molestados em qualquer hipótese por terceiros.

Desimporta que a criança e o adolescente estejam em entidade pública ou privada para a tipificação deste crime, bastando que a *guarda* seja molestada e que exista uma finalidade subjacente na intenção do criminoso.

Como afirmamos, a criança e o adolescente, em princípio, ficam sob a guarda (poder) dos seus pais, porque, a guarda é um dos atributos do pátrio poder (art. 384, inc. II, do CC). Se o casal estiver separado, a guarda será deferida (por acordo ou via judicial) a apenas um dos ex-cônjuges ou aos dois (guarda conjunta), sendo que também assim a subtração configura o crime. Afinal, um ou outro exercem um poder-dever sobre a criança ou o adolescente, o que inclui o poder-dever de guarda.

A guarda da criança e do adolescente, todavia, com seus atributos de vigia e sustento, pode ser deferida a terceiro, por ordem judicial. Pode essa guarda ser retirada de ofício, pelo juiz, ou após ações de suspensão ou destituição do pátrio poder.[101] Também, neste caso, presente a ordem judicial que não pode ser desacatada por ninguém.

---

[101] ELIAS, Roberto João. *Pátrio Poder*, SP, Saraiva, p. 83.

Os pais, tantas vezes, deixam o filho sob a guarda fática de terceiro. Nessa hipótese, para uns[102] não haveria esta infração (art. 237), porque, *a guarda fática descaracteriza o crime*. Ao contrário, pensamos que mesmo na hipótese da guarda fática, com a autorização dos pais, houve um ato de poder, houve um ato decorrente do pátrio poder dos pais que outorgaram a guarda a alguém. Se o criminoso retira essa criança que está com terceiro, *para o fim* de entregá-la em lar substituto, subsiste o crime do art. 237, porque, como se disse, evita-se a retirada da criança da esfera de poder daquele que nele está investido.

Não se pode olvidar, ainda, que compete ao Ministério Público fazer a prova da situação invocada, ou seja, que a criança estava sob o poder de terceiro, ou sob guarda por ordem do juízo. Há de juntar a prova da ordem judicial e a certidão de nascimento.

- **com o fim de colocação em lar substituto**

Já o dissemos, o tipo penal deve ser o mais objetivo possível na descrição de seus elementos, sob pena de causar insegurança aos jurisdicionados e ferimento ao princípio da legalidade.

O elemento subjetivo do tipo é o que nos interessa à análise deste artigo, porque é aquele que insere "no tipo elementos referentes ao estado anímico do sujeito: ao fim colimado pelo agente, à sua intenção, ao intuito que o encoraja na execução do fato", como ensina Damásio de Jesus.[103]

Assim, quando o tipo em estudo exige *a finalidade de colocação em lar substituto* está a dizer que o crime só estará completo se o agente atuar com esse fim.

Isso não significa estarmos diante da exigência de um *dolo específico*,[104] porque, como nos ensina Cezar Bitencourt,[105] o especial fim ou motivo de agir, embora

---

[102] NOGUEIRA, Paulo Lúcio. *Op. cit.*, p. 357.
[103] *In: Direito Penal*, 24ª ed., SP, Saraiva, p. 274.
[104] Contra: LIBERATI, Wilson Donizeti. *Comentários, op. cit.*, p. 228.
[105] *In: Manual de Direito Penal*, v.1, SP, Saraiva, 2000, p. 212/3.

Crimes contra a criança e o adolescente

99

amplie o aspecto subjetivo do tipo, não integra o dolo nem com ele se confunde. No caso, o especial fim de agir ("com o fim de colocação em lar substituto") "condiciona ou fundamenta a ilicitude do fato, constituindo, assim, elemento subjetivo do tipo de ilícito, de forma autônoma e independente do dolo" (*op. loc. cit.*).

Não resta dúvida de que essa expressão causa sensível restrição na descrição do crime, bem como causa certa dificuldade ao órgão acusador, porque terá de *provar* um estado subjetivo do agente, que muitas vezes escapa da prova comum. Sabe-se, a ausência desses elementos subjetivos especiais descaracteriza o tipo subjetivo, independentemente da presença do dolo.[106]

Então, importa que se relacione o "lar substituto", no plano jurídico, com o "lar substituto", no plano fático, para que se perfectibilize a conduta criminosa.

Mas o que significa, para os fins legais, "lar substituto"?

A criança e o adolescente têm direito a serem criados e educados no seio de sua família natural (a família biológica) e só *excepcionalmente* em família substituta (guarda, adoção, tutela, etc.). Destarte, a família natural não está em pé de igualdade com a família substituta, como dispõe o art. 19 do ECA. Óbvio, a família substituta não é *inferior* à família natural, afinal, o que a lei pretende é que "a regra traduz-se na permanência do menor no seio de sua família de sangue, apenas excepcionalmente em outra família", como refere José Luiz Mônaco da Silva[107] em excelente estudo.

Se o *lar natural* é aquele em que a criança e o adolescente convivem com sua família natural, devemos entender como *lar substituto*, em princípio, todo aquele lar onde convivem com outra família que não seja a biológica. Uma advertência: para configurar um lar substituto, como está no texto penal, não se exige necessariamente outra *família*.

---

[106] BITENCOURT, *op. cit.*, p. 213.
[107] *In: A família Substituta no ECA*, SP, Saraiva, 1995, p. 8.

A família natural, via de regra, detém uma guarda natural, mas também jurídica, oriunda do Direito de Família; a família substituta detém uma guarda jurídica ou fática, do Direito da Infância e da Juventude, que só pode ser deferida na forma descrita em lei, isto é, por guarda, tutela ou adoção (art. 28 do ECA). Se a criança ou adolescente seguem a um lar substituto sem o atendimento dos pressupostos jurídicos, em princípio, não estaremos diante do crime ora comentado, mas fatalmente estaremos diante de uma guarda irregular, que pode configurar o crime.

A *colocação* da criança ou do adolescente, tal como trata o artigo, pode ser *temporária ou definitiva*, desimporta. O que a lei exige é a *subtração*, isto é, a retirada da criança/adolescente, sem o assentimento dos pais, ou ausente a ordem judicial, para fora de sua esfera de poder. Também, não importa o assentimento positivo da criança/adolescente, porque estes só podem consentir pela representação dos pais ou pela assistência, nos termos da lei civil.

A que o tipo penal visa é impedir, a rigor, é que a criança e o adolescente sejam retirados, com ou sem a concordância dos pais biológicos, do seio da sua família natural.

Pode ocorrer *concurso de crimes*, que se dá quando a criança e o adolescente são retirados à força e isso origina lesão corporal, *v.g.* Neste caso, podemos ter um concurso formal de crimes.

- **Promessa ou entrega de filho ou pupilo por pagamento ou recompensa**
Art. 238. Prometer ou efetivar a entrega de filho ou pupilo a terceiro, mediante paga ou recompensa.
Pena – reclusão de 1 (um) a 4 (quatro) anos, e multa.
Parágrafo único. Incide nas mesmas penas quem oferece ou efetiva a paga ou recompensa.

Como se afirmou anteriormente, a guarda dos filhos é um dos atributos do pátrio poder. De regra, aos pais compete terem sob sua guarda os seus filhos (art. 384, inc. II do Código Civil), que, de forma excepcional podem ir para guarda de terceiros, por ordem judicial. Não descartamos a guarda fática, mas isso não é objeto deste artigo e ela decorre do próprio pátrio poder, como afirmamos.

Tem sido criminoso o envolvimento das pessoas com o tráfico de crianças e adolescentes ou a promessa da entrega de filhos a terceiros. A comercialização de crianças e o tráfico delas ao exterior é uma verdadeira praga, que tem ocorrido com alguma freqüência em nosso país. Às vezes, não apenas com a anuência dos pais, mas até com o envolvimento de servidores públicos, havendo até a falsificação de passaporte e de outros documentos. É isso o que o dispositivo em comento igualmente pretende, ou seja, coibir a prática da comercialização de crianças e adolescentes, desimportando se o filho ou o pupilo vão para "situação melhor" do que aquela na qual se encontravam.

O crime em estudo é doloso, comissivo e admite a *tentativa*.

Como está redigido, o artigo estudado parece ter revogado tacitamente a primeira parte do § 1º do art. 245 do Código Penal.

O crime *é próprio*, porque só podem figurar como *sujeitos ativos* o pai, a mãe ou o tutor, que são aqueles que detêm a condição objetiva de relação com a criança ou o adolescente: filho ou pupilo. *Sujeitos passivos* são: o filho e o pupilo.

O tipo analisado é denominado de "Promessa ou entrega de filho ou pupilo";[108] ou "entrega de filho ou pupilo mediante recompensa".[109] Antonio Chaves[110] denomina-o de "entrega ou promessa de entrega mediante paga".

---

[108] MIRABETE, *Op. cit.*, p. 1.424.
[109] NOGUEIRA, Paulo Lúcio. *Op. loc. cit.*, p. 357.
[110] *Comentários, op. cit.*, p. 750.

Comete tal crime: a) quem promete a entrega de filho, sendo sujeito ativo o pai ou a mãe, ou ambos; b) quem promete a entrega de pupilo, cujo sujeito ativo só pode ser o tutor; c) quem efetiva a entrega do seu filho, podendo ser o pai ou a mãe; d) quem efetiva a entrega do seu pupilo, só podendo ser o tutor. Em qualquer caso, ou seja, tanto na promessa quanto na entrega do filho ou pupilo, o tipo ainda exige que sobrevenha o pagamento ou a recompensa. A promessa de recompensa é impunível, mas o intermediador também pode ser punido (Parágrafo Único).

O tipo em estudo, portanto, visa a garantir não só a segurança da criança e do adolescente, mas o pátrio poder, a guarda e a tutela. Evita-se, assim, que a criança ou o adolescente sofram atentados aos seus direitos fundamentais, tal como veda o art. 5º da Lei nº 8.069/90. Eis a *objetividade jurídica*. O dispositivo, a rigor, teve em mira coibir a comercialização de menores.[111]

De um lado, para a sua consumação. o crime se apresenta como *formal*, porque basta a promessa, mesmo que a entrega de filho não se verifique. De outro, o crime é de resultado *material*, porque se exige a entrega efetiva do filho ou pupilo. Neste caso, há de existir prova de apreensão da criança com o terceiro.

- **Prometer ou efetivar a entrega**

Prometer é compromissar-se com alguém. É "afirmar verbalmente ou por escrito, que se vai dar, fazer ou não fazer algo".[112] No caso, *prometer* origina a promessa de entregar filho próprio ou pupilo a um terceiro, mediante o pagamento de dinheiro ou algo de valor econômico (ouro, prata, jóias, objetos, terras, enfim).

Em se tratando de promessa verbal, o crime se consuma no momento em que ela é proferida; se a promessa for escrita, a consumação se dá na formalização do documento.

---

[111] ISHIDA, Valter Kenji. *Op. loc. cit.*, p. 407.
[112] DINIZ, Maria Helena, *Dicionário*, v. 3, p. 809.

Crimes contra a criança e o adolescente

A promessa não engloba a entrega, ou seja, se o agente apenas promete verbalmente, está configurado o tipo, mesmo que tal promessa seja feita indistintamente, uma proposta genérica, porque se visa à proteção integral do filho ou do nascituro.

A que se visa com o dispositivo, também, é evitar eventuais *leilões* de nascituros ou de filhos recém-nascidos, afinal, as tais promessas de entrega de filhos são feitas, na maioria dos casos, durante a gestação da criança.

Efetivar é dar curso a algo ou fazer alguma coisa; é levar a efeito, é realizar. No caso, é a realização fática de entrega do filho a um terceiro. Aquele que promete e efetiva a entrega não comete dois crimes, mas apenas um, sendo que as duas condutas serão mais gravemente avaliadas pelo magistrado quando da dosimetria da pena.

É preciso algum cuidado quanto ao *concurso de pessoas*, porque pode haver um agente prometedor de entrega e outro que a efetive, ambos recebendo pagamento por isso. Pode existir um agente que prometa a entrega e outro que faça o pagamento. São dois crimes, dois agentes, não haverá concurso de pessoas: um crime de quem prometeu; outro crime de quem fez a entrega. Pode existir, claro, o concurso de pessoas, quando o pai e a mãe prometem a entrega do filho e/ou recebem dinheiro por isso.

Não é raro ocorrer de a entrega do filho (até dezoito anos) não se dar por paga ou recompensa. Neste caso, deve-se analisar se o filho ou pupilo ficarão na companhia de pessoa com a qual estarão em perigo moral ou material, com o que se violará o art. 245 do CP.

- **de filho ou pupilo a terceiro**

Exige-se que a entrega seja de filho, isto é, o descendente, ou seja, aquela pessoa que mantenha vínculo biológico ou de adoção com alguém. Aqui também não há qualquer diferença entre filhos legítimos ou ilegítimos, legitimados, adotivos, enfim, porque vedada qualquer discriminação relativa à filiação. A palavra, embora no masculino, não significa qualquer distinção relativa ao sexo daquele que é entregue, isto é, a filha também é objeto de proteção da norma penal. Também não se distingue se é nascido ou nascituro (STJ, 5ª Turma, REsp 48.119-RS, 17.4.95, Rel. Min. Assis Toledo, ADV 69.792, *apud* Antonio Chaves).

Pupilo é o menor órfão que está sob tutela.[113] Ao contrário do que sustenta Julio Fabbrini Mirabete,[114] pensamos que o Curador não pode ser agente ativo deste crime, assim como o curatelado não é o sujeito passivo. Ocorre que a curatela é instituto que abriga o interdito, o curatelado, jamais o pupilo. A curatela (art. 446 do Código Civil) se destina aos menores e maiores de idade, mas sempre privados de discernimento, sendo que a tutela se destina apenas aos menores. A tutela é sucedâneo do pátrio poder, e a curatela não.

Terceiro é qualquer pessoa que se insere no processo de comercialização do filho/pupilo. O terceiro, numa comparação grosseira, mas didática, seria o receptador, ou seja, aquele que recebe consigo o filho ou o pupilo de alguém. Não se perquire o dolo do terceiro.

Compete ao agente ministerial, logo ao ajuizar a denúncia, trazer prova da condição, isto é, a certidão de nascimento do menor, quando comprovará a filiação; ou cópia do ato judicial que nomeou o tutor, para provar a tutela. Se não trouxer tal documento, deverá fazer-lhe menção, postulando diligência ou prazo para posterior juntada. Não haverá condenação na ausência dessa prova, obviamente.

Aquele que tem relação de guarda, apenas, com a criança, obviamente, não pode cometer o crime, exceto se for seu filho ou pupilo.

---

[113] DINIZ, Maria Helena. *Op. loc. cit.*, p. 867.
[114] *In: Código Penal Interpretado*, SP, Atlas, 1999, p. 1424.

Crimes contra a criança e o adolescente

- **mediante pagamento ou recompensa**

A paga e a recompensa são as formas de retribuição à promessa e à entrega do filho ou pupilo. *Paga* é o pagamento. No caso, pode ser em dinheiro ou outro bem, desde que com valor econômico ou moral. É a remuneração pela entrega do filho ou pupilo. *Recompensa* é o prêmio concedido a alguém, seja como remuneração (confundindo-se com a paga), seja como indenização por alguma tarefa, no caso, pela entrega do filho ou do pupilo.

Parágrafo único. Incide nas mesmas penas quem oferece ou efetiva a paga ou recompensa.

O parágrafo prevê dois comportamentos criminosos distintos, ou seja, (a) é considerado agente do crime aquele que oferece a paga ou a recompensa; (b) é agente do crime aquele que apenas efetiva a paga ou recompensa.

Na espécie, pune-se o intermediário, o "atravessador", o terceiro, o traficante de crianças, que são os *agentes ativos* do crime deste parágrafo. Como ensina Wilson Donizeti Liberati, o tipo procura atingir outra pessoa que não os pais biológicos.[115]

A pena prevista foi diminuta, porque o traficante de crianças comete comportamento abjeto e tão ou mais gravoso do que aquele que promove a venda de criança.

Neste crime, esse *terceiro atravessador* pode igualmente assumir dois papéis, isto é, (1) pode ser aquele que apenas recebe o filho de alguém, ou (2) pode receber o filho/pupilo e ainda pagar por isso. No primeiro caso, se o terceiro registrar o filho como seu, violará o art. 242 do C. Penal; no segundo caso, violará o parágrafo em comento. Comete este crime aquele que faz o depósito na conta bancária[116] do beneficiado pai, mãe ou tutor.

---

[115] *In: Comentários ao Estatuto, op. cit.*, p. 229.
[116] ISHIDA, Válter Kenji. *Op. cit.*, p. 408.

O art. 62, inc. I, do C.Penal, prevê como agravante o fato de o agente executar o crime, ou nele participar, mediante paga ou promessa de recompensa. No caso, não pode incidir tal agravante, porque seus elementos compõem o próprio tipo.

- **Envio de crianças ou adolescentes de forma irregular ao exterior mediante pagamento**

Art. 239. Promover ou auxiliar a efetivação de ato destinado ao envio de criança ou adolescente para o exterior com inobservância das formalidades legais ou com o fito de obter lucro.

Pena – reclusão de 4 (quatro) a 6 (seis) anos, e multa.

Assim como no artigo anterior, este art. 239 do ECA tem em mira, mais especificamente, o tráfico internacional de crianças e adolescentes. É uma espécie de complemento ao artigo anterior, dele se distinguindo, porque naquele a norma teve por objeto a ilícita relação entre comercialização de crianças e pátrio poder; neste, é a ilícita comercialização internacional, o tráfico internacional de crianças e adolescentes. Veda-se a saída de crianças ou adolescentes ao exterior sem o atendimento das leis brasileiras e/ou com a finalidade de lucro.

A regra é a de que a criança ou o adolescente não podem sair do território nacional sem a companhia dos pais. O estrangeiro jamais poderá deixar o país com uma criança ou adolescente sem a expressa e prévia autorização judicial (art. 85, ECA). A criança ou o adolescente só pode sair do Brasil acompanhada de seus pais (art. 84, inc. I, do ECA), ou com as competentes autorizações, seja do outro genitor (art. 84, inc. II), seja do juiz competente.

No caso de adoção internacional, o adotando só sai do país depois de consumada a adoção, como dispõe o art. 51, § 4º, do ECA. Como se vê, através de inúmeros dispositivos se procurou *reforçar* a idéia de que a criança brasileira deve ficar no Brasil.

Segundo alguns, o art. 239 do ECA revogou o art. 245, § 2º, do CP, assim redigido: "Incorre, também, na

Crimes contra a criança e o adolescente **107**

pena do parágrafo anterior quem, embora excluído o perigo moral ou material, auxilia a efetivação de ato destinado ao envio de menor para o exterior, com o fito de obter lucro". Assim não nos parece, uma vez que o art. 239 do ECA se destina à proteção de criança e adolescente, sendo que o Código Penal abrange o *menor*, isto é, aquele que, pela lei civil, vai até os 21 anos de idade. Em outras palavras: se tiver dezoito anos completos ou até 21 anos, aplica-se o Código Penal; se tiver até dezoito anos, aplica-se o Estatuto. Isso, sob pena de retirar-se o véu protetivo de outros menores de idade.

O crime em estudo tem o *nomen juris* de "promover envio de criança para o exterior com violação das formalidades",[117] ou denominado de "envio de criança ou adolescente para o exterior".[118]

- **Promover ou auxiliar**
Comete o crime em estudo quem (a) *promove* a realização de ato(s) destinado(s) ao envio de criança ou adolescente para o exterior; ou (b) auxilia a efetivação (concretização) de ato destinado ao envio de criança ou adolescente ao exterior. Em ambos os casos, seja inobservando as exigências legais, seja com a finalidade de obter lucro.

Promover é impulsionar, realizar, fomentar, "trabalhar a favor de alguma coisa".[119] Aqui, o agente impulsiona o ato de envio da criança ao exterior. O recebimento de lucro, por aquele que promove, não é elemento do tipo, ou seja, não importa que o promovente (o sujeito que promove o ato) nada receba, porque estará configurado o tipo com a mera "promoção".

Auxiliar, no crime em questão, tem o sentido de ajudar, de *prestar assistência a alguém*. Auxilia aquele que envida esforços para alguma finalidade.

---

[117] PENTEADO, Jaques de Camargo. *A família e a Justiça Penal*, p. 121.
[118] NOGUEIRA, Paulo Lúcio. *Op. cit.*, p. 358.
[119] DINIZ, Maria Helena. *Vocabulário*, v. 3, p. 811.

Quem auxilia na realização de um crime, na técnica penal, *concorre* na sua prática. É o denominado co-autor ou partícipe. No caso, porém, o auxílio é um elemento do crime, sendo o auxiliador aquele que realiza sua figura principal. Isso significa que quem presta o auxílio figurará como sujeito ativo principal do crime e não como partícipe ou co-autor. Isso significa que este crime não possibilita o *concurso de pessoas*.

O crime é doloso e admite *a tentativa*.

O *sujeito ativo* do crime pode ser qualquer pessoa, inclusive o dirigente de entidade ou qualquer autoridade, desde que retire ou promova a retirada de uma criança ou adolescente brasileiros para o exterior sem as formalidades legais ou obtendo lucro. O juiz pode ser autor deste crime.[120] Os pais podem cometer o crime do art. 238 em *concurso material* com este art. 239, dependendo do caso apurado.

O crime é material, porque se exige a promoção de um ato, que seja destinado ao envio de criança ou adolescente ao exterior; ou a efetivação desse ato. Isso significa que o agente ministerial deve provar a ocorrência desse ato no mundo físico, ao lado da finalidade lucrativa.

- **a efetivação de ato destinado ao envio de criança ou adolescente para o exterior com o fito de obter lucro.**
A configuração deste crime tem outros dois elementos: um objetivo e outro subjetivo, sem a presença dos quais o crime não se perfectibiliza. Exige-se, objetivamente, (1) que o ato seja para envio de criança ou adolescente ao exterior, descumprindo-se a exigência legal e, subjetivamente, (2) que esse ato tenha a finalidade de obtenção de lucro.

Na espécie, ratificamos a lição a respeito do elemento subjetivo do tipo penal.

Assim, quando o tipo em estudo exige a finalidade objetiva do envio de criança ou adolescente ao exterior e

---

[120] ISHIDA, Váter Kenji, *op. cit.*, p. 409.

Crimes contra a criança e o adolescente

com o fim de obter lucro, está a exigir que o crime só restará completo se o agente atuar com tais fins. (envio ao exterior e lucro). Se o ato for destinado para o envio da criança para outra parte do território nacional, poderá existir outro crime, mas não este. Se o ato for destinado, ou a criança enviada, para outra parte do Estado ou exterior sem o fim de lucro, mesma forma.

Pensamos que o efetivo envio da criança ou do adolescente ao exterior não seja necessário para a *consumação* do crime. Afinal, às vezes, aquele que promove o ato que destina a criança ao exterior não consegue seu intento (há tentativa). Por isso, quem apenas promove o ato com o fim de lucro já pratica o crime, independente da efetiva saída da criança ao exterior. O que importa é a promoção do ato, e não a saída da criança. A saída é mero exaurimento de crime.

No caso, o especial fim de agir (com o fito de obter lucro) "condiciona ou fundamenta a ilicitude do fato, constituindo, assim, elemento subjetivo do tipo de ilícito, de forma autônoma e independente do dolo".

Repetimos, como mencionado para outros artigos: essa expressão (fim de obtenção do lucro) causa sensível restrição na descrição do crime, bem como certa dificuldade ao órgão acusador, porque terá de *provar* um estado subjetivo do agente, que muitas vezes escapa da prova comum. Sabe-se, a ausência desses elementos subjetivos especiais descaracteriza o tipo subjetivo, independentemente da presença do dolo.[121]

O ato de que trata a lei pode ser o *ato material* ou *um ato jurídico*, isto é, tanto comete o crime em estudo aquele que promove a falsificação de um documento (com o que pode haver o concurso com a falsidade), como aquele que transporta (ou acompanha) a criança ao exterior.

A nosso sentir, não foi técnico o legislador, quando se referiu a *lucro*. Como se sabe, lucro é termo utilizado em transações mercantis, está relacionado com coisas, e

---

[121] BITENCOURT, op. cit., p. 213.

não com pessoas. É lucro o resultado pecuniário que decorre de uma negociação. O lucro, dentro das regras legais, é lícito. No caso, trata-se do lucro como se fosse uma atividade ilícita e em sentido incomum, referindo-se à *comercialização* de crianças e adolescentes, como se isso fosse viável no mundo negocial. Tem-se a impressão de que a comercialização da criança é possível, desde que sem o lucro, o que é rematado absurdo.

Enfim, *lucro* está ligado com o recebimento de certo valor, em dinheiro ou coisa de valor econômico. O *recebimento* desse dinheiro não é exigido para a consumação do crime, porque é seu mero exaurimento. O que se exige no tipo é a finalidade, o fito, e não o recebimento do lucro.

O tipo poderia ser melhor redigido, porque muitas vezes há o "lucro", mas dá-se uma adoção. Este comportamento também é írrito e não é punido na forma deste artigo.

O dispositivo visa à proteção de *criança ou adolescente*, isto é, pessoa até doze anos incompletos (criança) ou entre doze e dezoito anos de idade (adolescente). São os *sujeitos passivos do crime.*

Pode ocorrer *concurso de crimes*, que ocorre quando a criança e o adolescente são retirados à força e disso decorre lesão corporal, *v.g.* Quando há falsificação de documentos, enfim. Nestes e outros casos, podemos ter concurso formal de crimes.

- **Utilização de criança ou adolescente em cena pornográfica.**
Art. 240. Produzir ou dirigir representação teatral, televisiva ou película cinematográfica, utilizando-se de criança ou adolescente em cena de sexo explícito ou pornográfica.

Pena – reclusão de 1 (um) a 4 (quatro) anos, e multa.

Parágrafo único. Incorre na mesma pena quem, nas condições referidas neste artigo, contracena com criança ou adolescente.

Crimes contra a criança e o adolescente

As representações teatrais e exibições cinematográficas, como já advertia Everardo da Cunha Luna,[122] podem ser obscenidades que ofendem o pudor. Tais obscenidades apenas aparentam obras de arte, mas são valores negativos, afinal, a arte é um valor positivo. Quando essa falsa arte envolve criança ou adolescente é preciso maior cuidado, para que, sob a aparência de obra artística, não se deixe prosperar situação de alto risco para a formação da criança.

A Carta Constitucional impôs como dever da família, da sociedade e do Estado, assegurar à criança e ao adolescente, com absoluta prioridade, entre outros, o direito ao respeito, à dignidade, além de colocá-los a salvo de toda e qualquer forma de exploração. Determinou-se, ainda, que a lei puna severamente o abuso e a exploração sexual da criança e do adolescente (arts. 227, *caput*, c/c § 4º).

O direito ao respeito consiste na inviolabilidade da integridade física, psíquica e moral da criança e do adolescente, o que abrange a preservação da sua imagem, sendo dever de todos nós velarmos pela sua dignidade (arts. 5º, 17 e 18 do ECA).

Assim, apesar de livres as expressões da atividade intelectual e artística (art. 5º, inc. IX, CF), o que permite a apresentação de crianças em peças teatrais, televisivas e cinematográficas, a própria Carta prevê *limites*, para que essa liberdade não seja absoluta. Daí por que as diversões em geral, os espetáculos públicos, as atividades artísticas no rádio e na televisão, podem sofrer restrições de horário e de participação de crianças e adolescentes, na forma da lei federal (arts. 220, § 3º, e 221 CF).

O art. 240 do ECA, portanto, gira na proteção desses direitos: direito à liberdade, ao respeito e à dignidade da criança ou do adolescente, evitando-se a sua exploração e o abuso sexual que possa ocorrer em artes cênicas. Há uma proteção à liberdade sexual da

---

[122] *In*: "A Arte e o Obsceno". *Fascículos de Ciências Penais*, n. 4, Porto Alegre, Fabris, 1990, p. 61.

criança ou do adolescente. É a *objetividade jurídica* do artigo em questão.

O crime é comissivo e doloso, admitindo-se a *tentativa*. É também material, pelo que há de existir um resultado, ou seja, deve resultar uma película, um filme, um vídeo, um evento teatral, uma *efetiva* e *provada* utilização da criança ou do adolescente.

Não há a necessidade de que terceiros assistam à película ou ao vídeo para a configuração do crime, e nem mesmo se exige qualquer lucro pecuniário, porque não há tal exigência na norma sob exame.

Se o filme ou a peça teatral forem exibidos em público, no cinema ou na televisão, haverá tão-somente o exaurimento do crime. Embora a *consumação* deste crime ocorra no exato momento em que ocorrem os eventos *filmagem* ou *representação teatral*, pode também ocorrer *crime de imprensa* quando se faz essa publicação ou transmissão (art. 18 da Lei nº 5.250/67).

O *nomen juris* utilização de criança ou adolescente em cena pornográfica, utilizado por Antonio Chaves,[123] parece-nos mais completo, porque pornografia é palavra que pode englobar sexo explícito. Mas o delito já foi chamado de "utilização de criança ou adolescente em cenas de espetáculos pornográficos ou de sexo explícito".[124]

• Produzir ou dirigir

Produzir e dirigir, no tipo penal em estudo, parece estarem não só em sentido comum, mas no sentido próprio das artes cênicas, teatral, televisiva ou cinematográfica, que é a relação presente no próprio tipo.

No caso, *produzir* é realizar, efetivar, fazer, criar, enfim, quem produz realiza alguma coisa. No crime em questão, o agente ativo dá causa à criação de um evento cênico, cinematográfico ou teatral, com a exposição sexual da criança ou do adolescente.

---

[123] *Comentários, op. cit.*, p. 755.
[124] KOSOWSKI, Ester. *Estatuto, op. cit.*, p. 727.

Crimes contra a criança e o adolescente

No campo das agências de publicidade, propaganda, teatro ou cinema, geralmente, tem-se um *setor de produção*, que é encarregado da realização do filme, da peça teatral, do programa de televisão, ou de qualquer outro espetáculo, envolvendo os aspectos operacionais, técnicos e financeiros.[125] O *produtor*, como profissional de propaganda, rádio ou televisão, ou empresário que, no cinema, tem a seu cargo os aspectos materiais (financiamento e recursos técnicos) da realização de um filme, em princípio, *é o sujeito ativo* do crime. Mas pode ser praticado por qualquer pessoa, desde que assuma a linha de produção do evento (filme, peça teatral ou televisiva).

Dirigir é orientar, conduzir, encaminhar alguém para realizar alguma coisa. No crime em estudo, o agente do crime é o orientador de uma película ou peça teatral de cunho sexual, que explora de qualquer forma a criança ou o adolescente.

Quem dirige é o Diretor, podendo ser um Diretor de Arte, Diretor de TV ou de peça teatral, homem ou mulher. Se a realização fática do evento está a cargo do produtor (a), a direção intelectual está com o diretor (a). Neste aspecto, o crime é *próprio*, porque apenas o Diretor da representação pode ser o *sujeito ativo*.

No campo da representação teatral, de cinema ou televisão, porém, temos outras atividades a cargo de outros profissionais. Temos o operador de câmara, o maquiador, o iluminista, enfim, terceiros que podem auxiliar na conduta criminosa. Tais terceiros estão agindo por ordem de um diretor ou de um produtor num evento criminoso. Nem é preciso muitas luzes para se saber que o envolvimento de crianças com atividade sexual é crime.

É possível hipótese de *concurso de pessoas*.[126] Mas não se pode descartar a inexigibilidade de conduta diversa, que ampararia a absolvição desses terceiros.

---

[125] FONSECA, Joaquim da. *Comunicação Visual*, UFRGS, 1990, p. 92.
[126] Contra: Kosowski, Ester. *Estatuto, op. cit.*, p. 728.

Se o *produtor* for ao mesmo tempo o *diretor* da película/peça/vídeo, ou se forem reproduzidos os eventos (uma fita para o cinema e uma cópia igual para vídeo, *v.g.*), não haverá dois ou mais crimes, mas o juiz criminal deverá aferir tais comportamentos quando da dosimetria da pena.

De outro lado, se na película o produtor colocar uma criança e um adolescente, serão dois sujeitos passivos, dois crimes estarão presentes em *concurso material*. Pode existir o crime continuado, quando vários filmes são realizados com crianças diferentes.

Também, pode ocorrer de o Diretor contratar um fotógrafo para (tirar) as fotos de cenas de sexo explícito. Neste caso, o fotógrafo estará incurso no art. 241 do ECA.

- **representação teatral, televisiva ou película cinematográfica, utilizando-se de criança ou adolescente em cena de sexo explícito ou pornográfica**

O agente deste crime pode cometê-lo: a) produzindo ou dirigindo uma peça teatral que envolva criança ou adolescente em cena de sexo explícito; b) produzindo ou dirigindo um filme para a televisão que envolva criança ou adolescente em cena de sexo explícito; c) produzindo ou dirigindo um filme para o cinema nas condições já referidas. Nas três formas, há de estar presente uma criança ou adolescente sendo explorada sexualmente.

O *teatro* é um espaço físico onde ocorre a representação pública de obras dramáticas. O fruto dessa representação pública é chamado de "peça teatral", "peça de teatro" ou "peça". É o evento que ocorre no teatro; é o espetáculo. No caso, o agente dá causa ao surgimento de uma peça teatral utilizando-se da criança ou do adolescente no seu aspecto sexual.

A representação televisiva é aquela representação destinada a outro público, mas muito mais amplo, os telespectadores, aqueles que assistem à televisão. Não se nega a extensão ou a influência (positiva e/ou negativa)

Crimes contra a criança e o adolescente **115**

da televisão em um país como o nosso, onde é imenso o analfabetismo. Daí por que o legislador resolveu evitar a divulgação de imagens que explorem sexualmente a criança ou o adolescente.

O crime visa a evitar os *clipes*, ou filmes próprios da televisão, sejam gravados ao vivo ou através de vídeos, que contenham a exploração referida. As cenas do "ensaio" também são criminosas.

No cinema temos mais presente as figuras de direção e produção. É onde pode ocorrer a presença de dois agentes ativos, porque temos um produtor e um diretor. O cinema, que antes era um divertimento, uma arte, agora virou um meio de comunicação, uma indústria, que se utiliza de filmes diapositivos para a exposição ao público em geral. Afinal, no cinema podemos ter a propaganda subliminar, os comerciais, as notícias, enfim, que são dirigidas ao público com várias finalidades. Em maior amplitude do que no teatro, muitas vezes maior do que na televisão, o cinema pode alcançar bilheterias de milhões de pessoas em todo o mundo. Daí a justa preocupação do legislador em coibir a prática dessa exibição.

A apresentação sexual exploradora de crianças e adolescentes, todavia, recentemente vem ocorrendo em outro fenômeno de comunicação entre pessoas: a Internet, a rede, ou Web. À primeira vista, a exploração na via da Internet não caberia no tipo penal em estudo.

Os *sujeitos passivos* são criança (até doze anos incompletos) e adolescente (até dezoito anos), daí a necessidade de o agente ministerial trazer a competente certidão de nascimento ao processo penal.

Nas *cenas de sexo explícito* ocorrem relações sexuais, relações carnais, entre um agente (que está incurso no parágrafo único deste artigo) e a criança ou o adolescente. Se não houver relação carnal, haverá pornografia ou pode ocorrer ato libidinoso ou ato diverso da conjunção carnal, quando deve ser vislumbrado o comportamento sob a ótica penal comum.

A *cena pornográfica* é a cena chula, grosseira, gestual ou verbal, como quando a criança ou o adolescente se utilizam de palavrões.

Diante disso, outros crimes podem ocorrer, o que exige a comparação deste artigo com dispositivos da Lei nº 8.072/90, que agravou e tornou hediondos os crimes de estupro e atentado violento ao pudor. Pode acontecer hipótese de a filmagem ser de um estupro de uma criança ou adolescente. Neste caso, o produtor e o diretor tanto podem incidir no crime do ECA, como serem partícipes do estupro. Mas o "ator", se agir com violência ou grave ameaça, certamente violará o art. 213 do Código Penal, se a menina tiver até quatorze anos (parágrafo único), e não o Parágrafo Único do art. 240, ECA. A pena é mais elevada para o "ator", porque o comportamento é mais grave (reclusão de 4 a 10 anos). Não existirão dois crimes para o "ator", mas dois denunciados (ator e diretor), ora em crimes diferentes, ora pelo mesmo crime.

A prática de uma cena teatral ou na televisão, *v.g.*, da mesma maneira, pode tipificar o crime em estudo e a violação do art. 214 do Código Penal, que trata da figura típica do atentado violento ao pudor: "constranger alguém, mediante violência ou grave ameaça, a praticar ou permitir que com ele se pratique ato libidinoso diverso da conjunção carnal". A presença da violência pelo "ator" (aquele que contracena) torna o crime mais severamente apenado (reclusão de três a nove anos), com o que se cumpre o art. 227, § 4º, da CF.

É preciso, porém, uma advertência: se a vítima for menor de 14 anos e tiver ocorrido um atentado violento ao pudor, o art. 9º da Lei nº 8.072/90 (Crimes Hediondos) prevê causa de aumento de pena. Já se decidiu que no crime de atentado violento ao pudor contra vítima menor de 14 anos, na aplicação da pena incide a Lei nº 8.072/90, e não a Lei nº 8.069/90, vez que durante a *vacatio legis*, a Lei dos Crimes Hediondos entrou em vigor com eficácia imediata, revogando tacitamente o

Crimes contra a criança e o adolescente

Estatuto da Criança e do Adolescente, no que com ela é incompatível. O aumento de pena previsto na Lei nº 8.072/90, art. 9º, não é aplicado na ausência de lesão corporal grave ou morte (STJ, 5ª T., R.Esp. 28.591-8-SP, rel. Min. Edson Vidigal, j. 31.5.95, v.u., DJU 4.9.95, p. 27.842 e Rec. Esp. 92.0007734-0/SP).

Todavia, não se pode confundir o crime do art. 240 do ECA com os crimes hediondos mencionados, porque no atentado e no estupro se exige a violência ou a grave ameaça, o que inocorre no tipo em estudo.

Parágrafo único. Incorre na mesma pena quem, nas condições referidas neste artigo, contracena com criança ou adolescente.

Outro dos sujeitos ativos deste crime é aquele que *contracena*, é o *ator*, a *atriz* do filme, do vídeo, ou da peça; é aquele (a) que aparece *atuando* ao lado da criança ou do adolescente. *Contracenar* tem o sentido de *representar* ou *interpretar*.[127] A pena que lhe é imposta é a mesma do diretor ou produtor.

Não estamos diante de crime próprio, isto é, não se exige a presença de um *ator, um (a) profissional*. O crime é comum e pode ser praticado tanto pelo ator profissional, pelo amador, ou até por aquele que nada tem a ver com teatro, cinema ou televisão.

O comportamento daquele que *contracena* diverge daquele que produz ou dirige, porém, não será incomum caso onde o produtor ou o diretor sejam também os *atores* do filme/vídeo. Neste caso, dois comportamentos, dois crimes em *concurso formal*.

O *ator (lato sensu)*, obviamente, quando contracena sexo com criança ou adolescente, pode praticar crime mais grave, por isso mais severamente apenado, *v.g.*, atentado violento ao pudor ou estupro. Valem aqui as considerações já feitas anteriormente.

---

[127] LIBERATI, Wilson Donizeti. *Op. cit.*, p. 231.

- **Fotografia ou publicação de cenas sexuais com crianças ou adolescentes**

Art. 241. **Fotografar ou publicar cena de sexo explícito ou pornográfica envolvendo criança ou adolescente.**

Pena – reclusão de 1 (um) a 4 (quatro) anos.

Já dissemos, a arte não pode ser confundida com a obscenidade. Afinal, a obscenidade ofende o pudor. No artigo em comento (241), vê-se o obsceno ofendendo o pudor; vê-se uma *arte* (fotografia) como objeto de ofensa ao pudor através da obscenidade.

Afinal, como já se perguntava Cunha Luna, no estudo clássico:[128] "que é o obsceno que ofende o pudor? O obsceno, dizia o mestre, é o fato de natureza sexual publicamente praticado e gravemente ofensivo ao pudor".

Neste dispositivo, portanto, temos o obsceno, e não a arte. Assim como no artigo anterior, o art. 241 do ECA gira ao redor dos direitos de dignidade, de respeito e de liberdade da criança ou do adolescente, punindo-se o abuso e a sua exploração sexual, tal como dispôs a Carta Federal (art. 227, *caput*, c/c § 4º). Protege-se, também, a privacidade e a imagem da criança. É a *objetividade jurídica* do artigo em questão.

Como ensina Elias, quer-se evitar qualquer trauma psicológico que possa impedir o desenvolvimento pleno de sua personalidade.[129]

O artigo está relacionado não só às publicações de cunho sexual das revistas eróticas, periódicos, jornais e livros, mas também à atividade da fotografia, desde que envolvam crianças e adolescentes.

O crime é comissivo e exige um resultado material, como veremos adiante.

É possível *a tentativa*, porque pode alguém ser obstado de fazer a fotografia ou impedido de publicar a imagem.

---

[128] *In: A Arte e o Obsceno, op. cit.* p. 62.

[129] ELIAS, Roberto João. *Comentários, op. cit.*, p. 212.

Crimes contra a criança e o adolescente　　**119**

Para a *consumação* do crime não há a necessidade de que terceiros manuseiem a fotografia, mas esta deve *existir* e estar acostada aos autos no momento da denúncia. Se o ato é de *fotografar*, não podemos entender como alguém fotografe o que não existe no mundo. Portanto, a fotografia exige a prova de que ela existe, porque se houve foto e ela foi *velada*, p. ex., não podemos provar que se trata de foto de cunho sexual.

O lucro não é objeto do crime (RT-776/647), pelo que a sua eventual existência será aferida no momento da dosimetria da pena. Da mesma forma, o consentimento da criança ou do adolescente não afasta o crime. O crime do art. 241 do ECA é também conhecido (*nomen juris*) por *publicação de foto ou de cena de sexo explícito ou pornográfica;*[130] ou *reprodução fotográfica de pornografia ou sexo explícito.*[131]

- **Fotografar ou publicar**

Fotografar é o ato daquele que fotografa utilizando-se de uma câmara fotográfica, podendo ser de forma amadora ou profissional, desimporta para o tipo em estudo. Fotografia é um processo de formar a imagem sobre uma emulsão fotossensível a imagem ótica de um objeto.[132]

Embora um profissional possa ser o autor do ato de *fotografar*, o crime não é próprio, considerando que qualquer pessoa pode tirar fotografias sem que seja um profissional. Às vezes, outro menor é o fotógrafo. Tivemos um caso de divulgação de fotos de crianças pela Internet, onde um adolescente era o autor de tal página, e os pais foram responsabilizados pela imposição de medidas do art. 101 do ECA. Assim, o agente do crime pode ser qualquer pessoa. Obviamente, se o autor da fotografia obscena for outro adolescente nem se cogita do crime em questão, porque ato infracional.

---

[130] NOGUEIRA, Paulo Lúcio. *Estatuto, op. cit.*, p. 362.
[131] KOSOWSKI, Ester. *Estatuto, op. cit.*, p. 729.
[132] FONSECA, Joaquim da. *Op. cit.*, p. 47.

A fotografia passa por um processo chamado de *revelação*, um processo técnico-químico que dá surgimento à imagem contida na fotografia. O revelador (o elemento que revela a foto), em princípio, não é punido como autor do crime, porque não é crime *revelar fotos*, e até porque poderia o revelador não saber o conteúdo do filme. Porém, se o revelador divulga a terceiros (além do fotógrafo) a fotografia de criança ou adolescente em cena sexual, será punido pelo mesmo crime na forma de *publicar*. Publicar é tornar público. Hoje, com o advento da foto-digital, não mais se exige o processo de revelação.

O fotógrafo pode ter *auxiliar* ou *auxiliares*. Aliás, é comum alguns fotógrafos (profissionais) levarem terceiros para auxiliarem na iluminação ou na preparação do ambiente, ou em maquiagem, como no caso de fotos de modelos. Os pais, mesma forma, podem concordar com a feitura das fotos, às vezes, até recebendo paga por isso. A propósito, a concordância dos pais com as fotos sexuais de seus filhos não afasta o crime.

Publicar é tornar público, já o dissemos, é levar ao conhecimento do público, divulgar. Isso pode ser feito pela mídia ou pelo sistema usual de publicação, através de fotos, jornais, revistas, cinema, publicidade, em rádio, televisão ou Internet. Qualquer pessoa pode ser agente do comportamento criminoso na forma de publicação, porque a divulgação a um terceiro já é forma de publicar.

Desnecessário, ademais, que aquele que publica seja a mesma pessoa que fotografa. Neste caso, porém, se o mesmo agente fotografa a criança e/ou adolescente e publica a foto, não cometerá dois crimes. Mas se um agente fotografa e outro publica a foto pornográfica, são dois agentes no mesmo crime. A exceção pode ficar por conta de uma hipótese possível, como no caso de o fotógrafo conseguir que se publique a foto da criança pela imprensa, quando se terá consumado o crime do art. 18, § 2º, da Lei nº 5.250/67 pelo terceiro.

Crimes contra a criança e o adolescente

Não se pode ignorar que tanto a feitura de fotos quanto a sua publicação, envolvendo crianças e adolescentes, envolvem a corrupção de menores. Neste caso, é preciso separar as atividades de fotografar e de publicar, porque muitas vezes os agentes *fomentam* a atividade sexual envolvendo crianças e adolescentes, com o que as corrompem e pode praticar *crimes em concurso material.*

O Supremo Tribunal Federal já decidiu que o crime do art. 241 do ECA é norma aberta, caracterizando-se pela simples publicação, seja qual for o meio utilizado, de cenas de sexo explícito ou pornográficas que envolvam crianças ou adolescentes (HC-76.689-0/PB, Rel. Min. Sepúlveda Pertence, RT-760/519).

Pode haver *concurso de pessoas* na publicação. Quando há publicação, *v.g.*, precisamos descobrir o meio de divulgação. Ora, todos sabem da proibição de divulgar-se fotos de crianças em poses sexuais, então, não se justifica que, *v.g.*, um gráfico, receba a *encomenda* de publicação dessa espécie em um calendário e tenha tal atividade como lícita e impunível. Assim, se foram agentes diversos, um que fotografa e outro que publica, cada um responderá por crime autônomo, na medida de sua culpabilidade.

- ● **Sobre a "Internet", algumas considerações**
Ocorre que, nesse campo, falamos da existência dos *crimes virtuais* ou *cybercrimes*, isto é, todos os atos ilícitos praticados total ou parcialmente através da Internet que venham a causar algum tipo de dano à vítima.[133] Na "rede" (WWW) há uma atividade de publicação de fotografias, sendo que, às vezes, até existem filmes envolvendo a atividade sexual de crianças e adolescentes. Não há a necessidade de criação de qualquer tipo penal novo, porque a Internet é apenas o *modo* de dar-se a publicação. Pode existir alguma dificuldade em encon-

---

[133] PINHEIRO, Reginaldo César. "Os crimes virtuais na esfera jurídica brasileira", *apud, Boletim IBCCRIM* - abril/2001, p. 18.

trar-se o autor da fotografia, mas quem a publica, se residente no país, pode ser facilmente identificado como autor deste crime. Seja como for, exige-se prova pericial para a determinação da autoria do crime do art. 241 do ECA (STF - HC 76.689-0/PB, 22.9.98, Rel. Min. Sepúlveda Pertence), porque os crimes por meio virtual exigem conhecimento acima do comum.

- **cena de sexo explícito ou pornográfica envolvendo criança ou adolescente**

Como se sabe, no mundo moderno existe uma tendência para descriminalizar a pornografia.[134] Basta verificar-se o que está ocorrendo em nossa televisão, onde as cenas de cunho sexual se repetem quase diariamente. Mas isso não significa a liberação total da pornografia, porque continuará sendo um mal no atingimento de crianças e adolescentes e deverá ser contida e regulada pelas autoridades competentes.

Cena de sexo explícito é a cena que torna visível não apenas a relação sexual, a conjunção carnal, mas aquela cena que envolve qualquer ato de cunho sexual e que exponha a criança ou o adolescente à exploração sexual. Num sentido lato, englobaria a cena pornográfica.

A pornografia, embora tenha *cunho* sexual, engloba não só a imagem chula, a imagem grosseira, como aquela foto onde se mostra a criança ou o adolescente fazendo atos ou gestos obscenos, ou a foto onde a criança está em nudez provocativa ou posições vexatórias.

Não podemos confundir este crime (art. 241) com o crime anterior (art. 240), embora um ou outro agente possa figurar nos dois crimes. Veja-se o caso de o Diretor de uma película contratar um fotógrafo para fazer fotos das cenas de sexo explícito que envolvam uma criança ou um adolescente. Neste caso, o fotógrafo estará incurso no art. 241 do ECA, e o diretor, no art. 240 já estudado. Enfim, no art. 240 do ECA temos agentes

---

[134] LUNA, Everardo da Cunha. *A arte e o Obsceno*, cit., p. 65.

Crimes contra a criança e o adolescente   **123**

ativos próprios (produtor e diretor) e aqui qualquer pessoa pode figurar como sujeito ativo.

Os *sujeitos passivos* são crianças (até doze anos incompletos) e adolescentes (até dezoito anos de idade), daí a necessidade de o agente ministerial trazer a competente certidão de nascimento ao processo penal.

- **Jurisprudência**
  CRIANÇA OU ADOLESCENTE. Crime previsto no art. 241 da Lei 8.069/90. Caracterização. Agente que fotografa menor em cena pornográfica. Delito que se consuma com o simples ato de fotografar, sendo desnecessária a intenção de obter lucro (TJMG, RT-776/647).

- **Venda ou fornecimento de arma ou explosivo para criança ou adolescente**
  Art. 242. Vender, fornecer ainda que gratuitamente ou entregar, de qualquer forma, a criança ou adolescente, arma, munição ou explosivo:
  Pena – detenção de 6 (seis) meses a 2 (dois) anos, e multa.

A lei estatutária, em sua *prevenção especial*, proibiu a venda de armas, munições e explosivos a criança ou adolescente (art. 81, I, do ECA).

Com efeito, a criança e o adolescente não estão física e psicologicamente preparados para o manuseio de qualquer armamento, embora se constate que *crianças-soldados* participem cada vez mais dos conflitos bélicos mundiais.

Segundo recentes dados publicados na Folha de São Paulo,[135] estima-se que cerca de 300 mil crianças e adolescentes estejam envolvidos em conflitos armados no mundo. Tais crianças manuseiam armamento pesado e são obrigadas a lutar com fome e sede.

Dispôs a Constituição Federal acerca do dever de todos (família, sociedade e Estado) colocarem a criança e

---

[135] *Folha de São Paulo* de 21-4-2001, F-4.

o adolescente a salvo de toda forma de negligência, exploração e violência (art. 227, *caput*).

O dispositivo em análise, portanto, teve em mira não apenas a segurança da integridade física da criança e do adolescente, mas o direito ao respeito e à sua integridade física, psíquica e moral. Fez-se uma prevenção, em face de inúmeras desgraças que ocorrem pela indevida utilização de tais perigosos artefatos. É a *objetividade jurídica* do tipo, portanto.

No Brasil, infelizmente, a lei não tem alcançado seu desiderato, porque inúmeros atos infracionais são praticados com armas nas mãos de adolescentes, vendidas ou entregues por adultos, e não vemos a correspondente persecução penal àqueles que lhes entregam tais armamentos. Via de regra, os inquéritos por atos infracionais praticados por adolescentes esgotam-se em si mesmos.

A proibição geral é reafirmada pela lei penal especial, vedando-se e punindo-se não apenas a comercialização (venda), mas o fornecimento e a entrega gratuita de armas ou munição a crianças e a adolescentes.

O crime é comissivo, alternativo e doloso. Admite-se a tentativa.

O tipo visa a coibir o fornecimento, oneroso (venda) ou gratuito (fornecer, entregar), de armas, munições ou explosivos para crianças ou adolescentes.

- **Vender**

O verbo *vender* tem sido utilizado em inúmeros tipos penais (da Lei de Tóxicos aos Crimes contra as relações de consumo).

Vender é negociar; é trocar algo por certa quantia em dinheiro; é alienar alguma coisa mediante uma contraprestação.

Na espécie, o imputável (adulto) faz a venda de armamento, munição ou explosivo para criança ou adolescente. Se não restar provada a venda, pelo ingresso de dinheiro ou algo de valor, mas provada a autoria, o agente não será absolvido, porque *entregou de qualquer*

Crimes contra a criança e o adolescente

forma o armamento, a munição ou o explosivo à criança ou adolescente.

Se o agente ativo vender a arma e outro entregá-la ao adolescente, cada um será processado autonomamente. É difícil a ocorrência de *concurso de pessoas* na modalidade da venda, embora possa ocorrer, quando, por exemplo, dois ou mais sócios de uma entidade comercial transacionam diretamente tais produtos.

- **fornecer ainda que gratuitamente**
Fornecer é prover, dar, ceder, emprestar. No caso, não foi bem redigido o tipo, porque o fornecimento também engloba a cedência gratuita. Então, não se precisava dizer *ainda que gratuitamente*, texto que parece copiado do art. 12 § 1º, inc. I, da Lei nº 6.368/76.

Na espécie, o agente do crime provê a criança ou o adolescente com arma, explosivo ou munição, independente do eventual lucro ou recebimento de dinheiro por isso.

Tanto na conduta de *vender*, quanto na de *fornecer*, desimporta o que a criança ou o adolescente fará com a arma, explosivo ou munição. Trata-se de crime de perigo, crime de mera conduta, sendo desnecessário um resultado naturalístico.

- **entregar, de qualquer forma**
Para não restar qualquer dúvida com a intenção do legislador, coibiu-se até a *entrega* de arma, munição ou explosivo à criança ou ao adolescente.

Entregar é passar às mãos ou à posse de alguém alguma coisa. Engloba o *empréstimo*, mas pode não englobar o *manuseio*, diante do fato de que a criança pode ter acesso à arma por ela estar disponível.

Entregar, de qualquer forma, igualmente, parece ter sido expressão copiada da Lei de Tóxicos (art. 12, *caput*). A expressão abrange todas as formas de utilização de armamento, explosivo ou munição, por crianças ou adolescentes. As crianças ou adolescentes, quando portarem armas, tiveram-nas em mãos, no mínimo, foram-lhes entregues por alguém. Esse "alguém" é que é o agente ativo do crime, porque passa às mãos do menor qualquer tipo de arma, explosivo ou munição. O *sujeito ativo* neste crime pode ser qualquer pessoa. Os pais também podem estar incursos, na hipótese de entregarem armas para manuseio das crianças. Às vezes, um desmemoriado pai entrega uma arma para o manuseio de um jovem, sob a alegação de que este *precisa conhecer arma*. Tal comportamento é reprovável e pode, muitas vezes, ocasionar responsabilidade civil e/ou penal do pai, como quando o adolescente pratica algum evento – culposo ou não – com a utilização daquela arma.

Como se disse, *a tentativa* é possível, embora seja um crime de mera conduta, porque ele pode ser fracionado. É perfeitamente possível que, quando da entrega de uma *encomenda de arma*, v.g., uma batida policial *estoure* um certo estabelecimento e flagre o indivíduo fazendo a entrega do armamento ao adolescente.

Não é preciso resultado material, mas necessitamos da apreensão da arma, do explosivo ou da munição, que é a materialidade do crime. Neste crime, não se faz possível a materialidade indireta, porque precisamos ver comprovado que a arma, p. ex., seja capaz de causar dano a alguém (pelo exame de balística).

O crime se *consuma* com a entrega, com o mero fornecimento da arma ou da munição, independente de o adolescente *explodir* alguma coisa ou detonar algum disparo.

É preciso algum cuidado na perquirição do comportamento do agente ativo, quando a criança ou o adolescente se apoderam de alguma arma. O inquérito precisa esclarecer a intenção do agente e a da criança ou do adolescente, porque a culpa na guarda da arma precisa ficar bem caracterizada para afastar o tipo em questão. Mas isso não afasta a incidência de outro fato típico, como sabemos.

Crimes contra a criança e o adolescente

Aqui, podemos vislumbrar a possibilidade de *concurso de pessoas*. Afinal, pode alguém mandar a um terceiro fazer uma entrega de arma a determinado adolescente. Se o entregador sabia do que se tratava a entrega ou tinha ciência do material que estava entregando, será processado em concurso com aquele que determinou a entrega.

- **a criança ou adolescente**
São os *sujeitos passivos* do crime, na forma do art. 2º do ECA. Como se disse, impõe-se à Polícia Judiciária e ao Ministério Público a juntada da competente certidão de nascimento do menor, sob pena de não se configurar o tipo, por ausência de prova elementar.

- **arma, munição ou explosivo.**
Arma, para o tipo em estudo, é a arma própria, ou seja, "são aquelas fabricadas com potencialidade de ataque e defesa".[136] (revólver, pistolas, fuzil, etc.). Pode ser a denominada arma branca, como um punhal, uma espada ou baioneta.

No tipo não se consideram as armas impróprias, "que não são fabricadas especificamente para ataque e defesa, mas se prestam para isso",[137] como uma barra de ferro, uma foice, uma enxada ou um martelo.

Em se tratando de *arma*, há que se trazer o competente *auto pericial*,[138] demonstrando-se a sua potencialidade, bem como auto de apreensão ou liberação da mesma. Ademais, se for arma em desuso ou de enfeite, não caracterizará o crime.[139]

Na figura típica do § 2º, letra *b*, do art. 19 da Lei das Contravenções Penais, havia a previsão contravencional

---

[136] SILVA, José Geraldo da. *Leis Penais Especiais Anotadas*, p. 99.
[137] JESUS, Damásio de. *Lei das Contravenções Penais Anotada*, p. 50.
[138] Não é imprescindível a perícia na arma: TACRIM-SP – 821.175/9, *apud Revista Brasileira de Ciências Criminais* n. 9 p. 271.
[139] NOGUEIRA, Paulo Lúcio. *Op. cit.*, p. 365.

daquele que permitisse que um menor de dezoito anos ou pessoa inexperiente no manejo de arma a tivesse consigo. Tal artigo restou afastado pelo ECA.

Munição, como ensina Damásio de Jesus,[140] "é toda matéria com destinação específica de servir para carga e disparo da arma, como o projétil, a pólvora, o cartucho, a cápsula, o chumbo, etc".

Não é necessário que essa *munição* seja para carregar uma arma ali presente, ou mesmo depois, mas sim que seja uma *munição*, isto é, capaz de municiar uma arma, deixando-a apta a funcionar. Então, em matéria de munição, também se exige um laudo pericial de constatação da potencialidade daquela.

Explosivo, por seu turno, "é toda substância inflamável sob influência de calor ou de ação mecânica".[141] No tipo em estudo, engloba o próprio artefato que explode. É aquilo que explode ou que ocasiona a explosão. Tanto pode ser um preparado químico (TNT, *v.g.*) como um objeto próprio, industrializado (uma granada, uma dinamite) ou "caseiro" (um *Coquetel Molotov*).

Há caso em que o agente ativo fabrica o explosivo, para depois entregá-lo à criança ou ao adolescente. Nesta hipótese, haverá o *concurso de crimes* (art. 253 do Código Penal c/c art. 242 do ECA), porque são comportamentos distintos a ferir objetividades jurídicas diversas.

Obviamente, assim como na munição, só será considerado explosivo aquilo que a competente perícia comprovar, direta (no próprio material) ou indiretamente (ocorrida a explosão).

Se a criança ou o adolescente encontrarem o artefato explosivo, como já ocorreu em campos de treinamento do Exército, não haverá o crime.

---

[140] Idem.
[141] DINIZ, Maria Helena. *Dicionário, op. cit.*, v. 2, p. 480.

Crimes contra a criança e o adolescente **129**

- **Venda ou fornecimento de substâncias tóxicas para criança ou adolescente**

Art. 243. Vender, fornecer ainda que gratuitamente, ministrar ou entregar, de qualquer forma, a criança ou adolescente, sem justa causa, produtos cujos componentes possam causar dependência física ou psíquica, ainda que por utilização indevida:

Pena – detenção de 6 (seis) meses a 2 (dois) anos, e multa, se o fato não constitui crime mais grave.

Através deste dispositivo se visa assegurar direitos de liberdade, de saúde, dignidade e respeito, colocando crianças e adolescentes a salvo de negligências, exploração e violência, que surgem em decorrência do uso e abuso de drogas e substâncias entorpecentes.

O afastamento das crianças de substâncias tóxicas, inclusive o álcool, é forma de *prevenção especial*, tendo vista a expressa proibição de venda de produtos cujos componentes possam causar-lhes dependência física ou psíquica (art. 81, inc. II, do ECA). Eis a *objetividade jurídica* do tipo.

Tal crime, embora com similar utilização de verbos (vender, fornecer, ministrar ou entregar de qualquer forma), deve ser distinguido da previsão do art. 12 da Lei de Tóxicos (Lei nº 6.368/76). Afinal, aqui (art. 243) se previu a venda sem o objetivo de *consumo* por criança ou adolescente, o que inocorre na Lei Antitóxicos.

O crime é comissivo, alternativo e doloso, assim como no artigo anterior.

Trata-se de crime de perigo, independendo de resultado naturalístico.

Embora tratar-se de crime de mera conduta, admite-se a *tentativa*, porque o agente que vende, p. ex., tem de recolher o dinheiro e ainda entregar a mercadoria. Pode ser obstado em alguns destes atos, *v.g.*, dando-se a tentativa. É também um crime de ação múltipla.

- **Vender**

O crime em estudo utilizou-se de redação similar ao artigo que lhe antecede. Por isso, repetimos, *mutatis mutandis*, o que antes já expomos. No caso de troca, venda não haverá. Nesta hipótese, o fato ficará subsumido na figura de *entrega* a qualquer título ou de qualquer forma.

Enfim, proíbe-se a venda de qualquer substância capaz de viciar a criança ou o adolescente ou colocá-la em potencial situação de risco. Provada a venda, o agente é punido independente do resultado.

Qualquer pessoa pode ser *agente ativo* do crime na forma de vender. É de se verificar a possível incidência de agravantes do Código Penal, que são plenamente acolhidas nestes crimes, quando não integrarem a figura típica, obviamente.

Precisamos observar que a conduta de vender substâncias entorpecentes pode ser o tráfico de drogas, quando incidirá a Lei de Tóxicos, e não o crime em estudo.

- **fornecer ainda que gratuitamente**

Quanto ao fornecimento, mesmo gratuito, remetemos o leitor ao artigo antes comentado.

A conduta do fornecimento de substâncias tóxicas a crianças e adolescentes, forma gratuita, tem sido comum entre viciados e traficantes, que procuram *conquistar* novos adeptos do vício. As crianças e os adolescentes são os maiores alvos dessa criminalidade, nas escolas, nas praças e diversões em geral. Primeiro, há o fornecimento gratuito, a cedência, o empréstimo, para depois passar-se à venda, ao tráfico.

Recentes pesquisas dão conta de que Porto Alegre e Rio de Janeiro são as Capitais com maior incidência de drogas entre adolescentes, o que é assustador.

- **ministrar ou entregar, de qualquer forma,**

Ministrar, no tipo em estudo, tem o significado de inocular, aplicar. Tal conduta, *v.g.*, é a daquele que

Crimes contra a criança e o adolescente

aplica uma injeção, ministra uma dose, enfim, cede a substância à criança ou ao adolescente. Também é a conduta de um profissional médico, que ministra (prescreve) uma receita com substância proibida e sem necessidade a tanto.

Entregar é passar às mãos ou à posse de uma criança ou adolescente a substância causadora de dependência.

Entregar, de qualquer forma, igualmente, parece ter sido expressão copiada da Lei de Tóxicos (art. 12, *caput*). Pressupõe-se o manuseio direto ou indireto entre o agente do crime e a criança ou o adolescente. O *sujeito ativo* neste crime pode ser qualquer pessoa. Os pais também podem estar incursos neste crime, quando passam, entregam ou ministram drogas a crianças sem que haja qualquer indicação médica para isso.

O crime se *consuma* com a entrega, ou com o mero fornecimento da substância incriminada. Se um farmacêutico vende ou entrega a substância em mãos de uma criança ou adolescente, mesmo que pela apresentação de receita médica, não cometerá o crime, mas estará violando a proibição do art. 81, inc. III, do ECA, podendo sofrer penalidade administrativa (arts. 194 e ss. do ECA).

- **a criança ou adolescente**
São os *sujeitos passivos* do crime, na forma do art. 2º do ECA. Como se disse, impõe-se à Polícia Judiciária e ao Ministério Público a juntada da competente certidão de nascimento do menor, sob pena de não se configurar o tipo, por ausência de prova elementar.

- **sem justa causa**
O tipo ainda traz um elemento normativo, para não se incriminar condutas permitidas ou necessárias, consubstanciado nas palavras "sem justa causa". Tal elemento já foi utilizado nesta mesma lei penal, no art. 234, retro.

No caso, *sem justa causa* é um elemento normativo, porque para sua determinação se exige um juízo de valor da situação de fato. A expressão já foi estudada quando do art. 234 do ECA, para onde enviamos o leitor.

Com efeito, precisamos ver se é *justa* (cabível, adequada) a *causa* ou a motivação; se é legal, exigível ou necessária diante daquela situação fática ocorrente. Se a causa for justa, crime não haverá. Se não for justa, não será justa causa e tipificará como criminosa a conduta ora incriminada. Veja-se o caso de uma criança gravemente enferma e que necessite de morfina, substância de comercialização proibida e que causa dependência. Não há crime na venda, porque a justa causa é terapêutica. Claro, desde que com a competente prescrição médica. Mas se a criança não estiver doente e um médico prescrever doses de morfina, o profissional estará violando a figura típica.

- **produtos cujos componentes possam causar dependência física ou psíquica, ainda que por utilização indevida**

O conceito de *produto*, obviamente, não tem a extensão da prevista na lei do consumidor, que diz ser qualquer bem, móvel ou imóvel, material ou imaterial (art. 3º, § 2º, da Lei nº 8.078/90). Na espécie, *produto* é tudo aquilo que é produzido pela indústria farmacêutica ou por artesanato, de cunho medicinal ou não. Tanto pode ser um medicamento, como a popular *cola de sapateiro*.

Os *componentes* são todas aquelas substâncias que compõem, que formam, que integram o produto, e que podem causar dependência, ou seja, tornar a pessoa viciada, *dependente* do produto final.

Afinal, quais são os produtos que podem causar dependência física ou psíquica?

Como a lei não forneceu qualquer rol, parece-nos que estamos diante de uma norma penal em branco. Chamam-se *normas penais em branco* aquelas em que se

Crimes contra a criança e o adolescente　　**133**

apresenta incompleta a descrição da conduta incriminada, ou seja, aquelas em que o tipo deve ser completado por outra disposição legal, já existente ou futura.[142] No caso, o art. 36, *caput*, da Lei nº 6.368/76 (Lei Antitóxicos), parece colocar uma pá de cal no assunto, porque assim dispôs:

"Art. 36. Para os fins desta Lei serão consideradas substâncias entorpecentes ou capazes de determinar dependência física ou psíquica aquelas que assim forem especificadas em lei ou relacionadas pelo Serviço Nacional de Fiscalização da Medicina e Farmácia, do Ministério da Saúde."

Destarte, para condições similares, aplicamos a mesma razão, ou seja, os produtos que causam dependência a crianças e adolescentes (que são os mesmos aos adultos, basicamente) devem ser especificados em lei ou relacionados pelo Serviço Nacional de Fiscalização da Medicina e Farmácia do Ministério da Saúde, sob pena de, pelas mesmas razões, ter-se incriminações distintas, o que fere o princípio da igualdade.

Esta prova, obviamente, incumbe ao agente ministerial, que não poderá olvidar, ainda, de juntar ao processo o auto de constatação da substância, como capaz de causar a dependência física ou psíquica (prova pericial).

Coíbe-se, inclusive, *a utilização indevida* desses produtos por crianças ou adolescentes.

Na verdade, não foi muito técnico o tipo, porque a utilização indevida pode significar culpa. Se ficar configurada uma utilização indevida por procedimento negligente ou imperito, por exemplo, crime não haverá. A utilização indevida será apenas aquela *dolosa*, ou seja, sabe-se que o produto ocasiona dependência; sabe-se que não é utilizado adequadamente, mas, mesmo assim, é ministrado à criança e ao adolescente.

---

[142] FRAGOSO, Heleno. *Lições de Direito Penal, op. cit.*, p. 75.

Obviamente, trata-se de crime *subsidiário*, pelo que a norma em análise restará afastada, se o fato não constituir crime mais grave, tal como dispõe o Parágrafo Único.

Pode surgir alguma discussão a respeito do *álcool*. Afinal, servir bebida alcoólica a menor insere-se na norma em questão? E o art. 63, inc. I, da Lei das Contravenções Penais (Decreto-Lei nº 3.688/41)? Parte da doutrina entende *tacitamente revogado* o art. 63, inc. I, da Lei das Contravenções Penais, "uma vez que o novo texto, embora não de forma expressa, regulou inteiramente a matéria precedente, englobando na sua figura típica a conduta de servir bebida alcoólica a menor de 18 anos, por tratar-se de produto cujo componente pode causar dependência física ou psíquica".[143]

Eis a redação do art. 63, inc. I, da Lei das Contravenções Penais (Decreto-Lei nº 3.688 de 3.10.41):

"Art. 63. Servir bebidas alcoólicas:
I – a menor de 18 (dezoito) anos;
II – (*omissis*)
III- (*omissis*)
IV – (*omissis*)
Pena – prisão simples, de 2 (dois) meses a 1 (um) ano, ou multa".

Como se vê, a norma contravencional é clara, taxativa, referindo-se a bebida alcoólica. O crime do art. 243 do ECA não faz qualquer referência a bebida alcoólica. Sabe-se que o álcool pode levar à dependência física ou psíquica, porém, o Princípio da Legalidade da Lei Penal exige que o tipo deve ser claro e específico, porque só assim o réu e o julgador terão *segurança jurídica* quando da violação e da aplicação da lei penal. No caso, se já existe norma anterior, expressa, dispondo que servir bebida alcoólica a menor de 18 anos é contravenção, a norma posterior só pode afastá-la se a revogação for

---

[143] SILVA JR., Edison Miguel da. "Servir bebida alcoólica a menor de 18 anos: crime ou contravenção?". *Boletim IBCCRIM* – 104, p. 9.

Crimes contra a criança e o adolescente **135**

expressa, o que inocorreu. Afinal, a contravenção é um *minus* em relação ao crime. O crime é mais grave, pelo que só podemos piorar a situação do réu se a lei for expressa.

A segurança jurídica, como ensina Maurício Antonio Ribeiro Lopes, em belo estudo, "deve ser entendida como no sentido da possibilidade de previsão da reação estatal: ao indivíduo se deve oferecer as possibilidades para que possa fazer um plano antecipado de sua ação. Para que exista verdadeiramente liberdade, não somente é preciso consciência interna, mas ademais disso, conhecimento da regra, lei ou princípio, que há de reger a vontade. O que ignora como se haverá de agir, de comportar-se, não pode conduzir-se livremente; e assim se diz que não há liberdade sem inteligência, consciência atual da ilicitude".[144]

- **Venda ou fornecimento de fogos de artifício a criança ou adolescentes**

  Art. 244. Vender, fornecer ainda que gratuitamente ou entregar, de qualquer forma, a criança ou adolescente fogos de estampido ou de artifício, exceto aqueles que, pelo seu reduzido potencial, sejam incapazes de provocar qualquer dano físico em caso de utilização indevida.

  Pena – detenção de 6 (seis) meses a 2 (dois) anos, e multa

Tem sido comum a exploração de crianças, quando se lhes vende substâncias perigosas que as colocam sob situação de risco pessoal. Aproveitando-se da facilidade de seu convencimento, da sua ingenuidade, as crianças são colocadas em tal condição que, via de regra, acabam-se ferindo e/ou ocasionando danos a terceiros.

Todos nós (Família, Sociedade e Estado) temos o dever de assegurar à criança e ao adolescente, com absoluta prioridade, o direito à saúde (art. 227, *caput*, CF

---

[144] *In: Princípio da Legalidade Penal.* RT, p. 54.

c/c 4º do ECA), impedindo contra elas quaisquer negligência ou exploração (art. 5º, ECA).

Dentro dessa verdadeira *proteção especial*, onde se inclui a garantia de segurança, o art. 81, inc. IV, do Estatuto proíbe a venda de fogos de estampido e de artifício, ressalvando aqueles que pelo seu reduzido potencial sejam incapazes de provocar qualquer dano físico em caso de utilização indevida. Daí por que o ECA previu o comportamento ilícito do art. 244, com o mesmo sentido protetivo especial do anterior artigo 242 e quase com similar redação. É a *objetividade jurídica* deste tipo penal.

Trata-se de crime de mera conduta, onde não se necessita de resultado naturalístico, isto é, não há necessidade de que haja a utilização do fogo, ou de que com a sua utilização haja o ferimento de qualquer pessoa. Caso isso ocorra, estaremos diante de mero exaurimento deste crime. A tentativa é possível, tal como se disse no artigo anterior.

O crime é comissivo, alternativo e doloso. É outro crime de ação múltipla, em face das várias possibilidades de sua ocorrência. Se houver venda e entrega, apenas um crime ocorrerá, mas a duplicidade de condutas será apurada na dosimetria da pena.

A nosso sentir, estamos diante de outra *norma penal em branco*.[145] Embora tantas vezes saibamos, de imediato e por simples constatação fática ou prática, que muitos fogos de artifício ocasionam danos à integridade física de qualquer pessoa, necessário é uma atividade do poder público (através de Portaria, Resolução, Decreto ou Lei Federal), no sentido de apontar quais os fogos de artifício que são perigosos à pessoa humana em geral. Pensamos que deixar tal avaliação a cargo do poder discricionário do juiz, ou da avaliação fática de qualquer pessoa, ou de prova pericial, abrir-se-á em demasia o tipo, violentando-se o princípio da legalidade.

---

[145] Sobre a lei penal em branco veja-se o que foi dito ao art. 243.

Crimes contra a criança e o adolescente   **137**

O prévio apontamento de produtos perigosos ou nocivos à saúde ou à segurança da pessoa, aliás, é exigência do Código de Defesa do Consumidor, que também aponta a necessidade de que os produtos contenham as instruções, as frases e sinais identificando a sua periculosidade (Lei nº 8.078/90, arts. 9º e 10). A falta de tal apontamento pode dar causa a crime contra o consumidor. Crime de ação penal pública e incondicionada.

Se da venda e utilização do fogo de artifício resultar lesão corporal na criança ou no adolescente, duas objetividades jurídicas estarão feridas, pelo que haverá concurso de crimes (este + lesão corporal culposa).

- **Vender**

O crime em estudo utilizou-se de redação similar ao artigo que lhe antecede. Aqui, todavia, a venda se refere a fogos de artifício ou de estampido que possam causar danos à saúde da criança ou do adolescente.

Na espécie, o agente ativo negocia, vende a qualquer criança ou adolescente os fogos de artifício.

Similarmente, no caso de troca, venda não haverá. Nesta hipótese, o fato ficará subsumido na figura de *entrega de* fogos. Provada a transação, o agente é punido independente do resultado.

Qualquer pessoa pode ser *agente ativo* do crime na forma de *vender*, mas, geralmente, está envolvido o comerciante de fogos de artifício.

O artigo deveria ter ido adiante, punindo a forma culposa, porque muitos *vendedores* transacionam fogos de artifício com outros adultos tendo ciência e concordando com que sejam entregues a crianças ou a adolescentes. Sabem tais vendedores que os fogos podem ocasionar danos a crianças e mesmo assim não se preocupam com isso. Tal comportamento negligente não é punido. Mas se a sociedade é responsável pela integridade das crianças, isso devia ser considerado para os fins penais. Destarte, diante da lei, se o vendedor entregar/vender/fornecer os fogos para um adulto entregar os fogos nas mãos da criança, apenas o imputável (adulto) incorrerá em crime, e não o vendedor.

- **fornecer ainda que gratuitamente**
  Fornecer é prover, dar, ceder, aplicar, emprestar. Como no artigo anterior, não foi bem redigido o tipo, porque, como alertamos, o fornecimento também engloba a cedência gratuita.

  Não se desconhece que muitos acidentes ocorrem pelo mau uso, ou pela má utilização de fogos de artifício. Daí a conduta incriminada pelo ato de *fornecer*, que tem forte sentido *protetivo*, porque crianças ou adolescentes, além de não terem condições de conhecimento para manusear tais artefatos, nem têm condições de aferir as potencialidades desses objetos.

  O fornecimento, no caso, não tem limites, isto é, pode ser pago ou gratuito. O fornecedor que recebe dinheiro, obviamente, violará o crime pelo verbo *vender*, mas nem por isso cometerá duplo crime, como afirmamos.

- **ou entregar, de qualquer forma**
  Entregar é passar às mãos ou à posse de uma criança ou adolescente os fogos de estampido ou artifício. Pressupõe o manuseio direto ou indireto entre o agente do crime e a criança ou o adolescente.

  Entregar, de qualquer forma, abrange a entrega por interposta pessoa, que pode responder como partícipe do crime, se tiver conhecimento daquilo que está entregando.

  O *sujeito ativo* neste crime pode ser qualquer pessoa, inclusive os pais. Tem sido comum os pais incentivarem (darem exemplo) na utilização desses fogos, até com base em "costumes" locais. Aliás, o fato de se tratar de "costume" não derroga a norma penal.

  O crime se *consuma* com a entrega ou com o mero fornecimento dos fogos de artifício.

Crimes contra a criança e o adolescente **139**

- **a criança ou adolescente**
São os *sujeitos passivos* do crime, na forma do art. 2º do ECA.

A criança é apenas aquela pessoa até doze anos de idade incompletos, e o adolescente, até dezoito anos de idade.

Como se disse, impõe-se à Polícia Judiciária e ao Ministério Público a juntada da competente certidão de nascimento da vítima, sob pena de não se configurar o tipo, por ausência de prova elementar.

- **fogos de estampido ou de artifício**
Fogos de artifício, são "peças pirotécnicas queimadas em festas noturnas, apreciadas pelo efeito artístico".[146] Geralmente, são impulsionadas para o alto, daí a possibilidade de ocasionarem graves danos à integridade da pessoa, ocasionando até a morte.

Na virada do milênio, no Rio de Janeiro, *v.g.*, tivemos uma tragédia pela indevida utilização de fogos de artifício, onde várias pessoas restaram feridas, decorrendo até a morte de uma delas.

Os *fogos de estampido* são espécies de fogos de artifício. São as denominadas *bombinhas*, ou *bombas*, isto é, produtos feitos com pólvora e papelão, que ocasionam o som de uma explosão, um estampido, um som de disparo de arma de fogo. Tal como nos fogos de artifício, existem fogos de estampido que vão para o alto, quando lá produzem o som de explosão.

Existem *fogos de salão ou de vista* sem estampido, como *fósforo de cor, vela, chuva, pistola em cores ou bastão*, assim como existem fogos de pequeno estampido, como o estalo de bebê (traque) ou estalos de salão. Tais fogos, embora de pequeno potencial danoso, devem ser descritos pela autoridade competente.

---

[146] DINIZ, Maria Helena. *Dicionário*, v. 2, p. 570.

- **exceto aqueles que, pelo seu reduzido potencial, sejam incapazes de provocar qualquer dano físico em caso de utilização indevida**

A lei estatutária excepciona, e aí decepciona, dentre os fogos de artifício ou de estampido, aqueles de *reduzida potencialidade* ou incapazes de provocar qualquer dano físico em caso de utilização indevida. Lamentável, porque nas festas juninas surgem os mais variados danos ocasionados por *simplórias bombinhas* manuseadas por crianças e adolescentes. A rigor, os tais fogos de artifício deveriam ter controle muito mais rigoroso do que ocorre.

Na realidade, o que se vê é um completo despreparo de muitas pessoas e uma falta de fiscalização em tal comércio. Vemos fogos de artifício mal armazenados, mal embalados, constatando-se até ausência de informação adequada aos usuários e comercializados sem controle adequado, com ferimento ao Código de Defesa do Consumidor.

Seguidamente, ocorrem verdadeiras tragédias pela explosão de fogos de artifício, seja pela explosão do próprio local que os abriga, seja pelo incorreto manuseio ou falha do próprio produto.

Claro, existem algumas *bombinhas (estalos)* até incapazes de ocasionar qualquer dano físico à criança ou ao adolescente, mas desde que com a utilização devida. Pergunta-se: todas as crianças têm capacidade de discernimento do modo correto/incorreto de utilização de uma simples *bombinha*? Não cremos. Soubemos de um caso onde uma criança havia colocado vários fogos de estampido dentro de uma lata que, ao explodir, lançou-lhe um pedaço de lâmina, que acabou decepando-lhe um terço do dedo mínimo. Não podemos creditar isso ao "destino". Tivemos um conhecido de infância, no interior do RS, que "desmontou" várias bombinhas e, tentado fazer um "foguete" com um cano de metal, criou uma verdadeira "dinamite", que veio a lhe decepar dedos da mão.

Crimes contra a criança e o adolescente　　　　**141**

Ester Kosowski, aliás, bem refere que poucos fogos de estampido ou artifício estariam incluídos na exceção.[147] Destarte, se está correto o legislador ao coibir a comercialização de tais produtos para crianças ou adolescentes, não esteve correto quando fez a distinção acerca da gravidade ou não do dano à pessoa, permitindo-lhes o manuseio.

• **Jurisprudência**

A previsão típico-penal do art. 244 da Lei n° 8.069/90, visa a tutelar a criança e o adolescente contra o perigo potencial de disporem eles de fogos de estampido ou artifício, que neles possa provocar qualquer dano físico em caso de utilização indevida. E, preventivamente, proíbe-se a venda de tais produtos danosos (potencialmente) às crianças e aos adolescentes (Ap. 953.333/3 TACRIMSP – RP 721/456).

• **Submissão de criança ou adolescente a abuso sexual. Novo art. 244-A do Estatuto da Criança e do Adolescente**

A exploração e o abuso sexual de crianças e adolescentes não é fenômeno recente e nem exclusividade brasileira. A propósito, impressiona a narrativa de Caio Suetônio Tranqüilo, biógrafo dos doze Césares, quando escreveu que Tibério Nero César já pervertia sexualmente crianças de tenra idade.[148]

A Convenção das Nações Unidas sobre os direitos da Criança, adotada pela Assembléia Geral das Nações Unidas, em 20 de novembro de 1989, no seu artigo 34, dispôs acerca do compromisso das nações signatárias de protegerem a criança contra todas as formas de exploração e abuso sexual. O Brasil firmou tal compromisso, porém, há notícias de que é um dos países que mantêm uma espécie de "turismo sexual", com a participação de crianças e adolescentes.

---

[147] *In: Estatuto Comentado*, Cury e Outros, Malheiros, p. 733.
[148] *In: As vidas dos Doze Césares*. RJ, Athena Editora, p. 165/6.

A rigor, não é possível aquilatar o grau de danosidade psicológica que a violência sexual causa na criança ou no adolescente, porque restam seqüelas para toda a vida. Tem-se dito que o agredido sexualmente quando criança tem grande possibilidade de tornar-se o agressor adulto. Lamentavelmente, tem sido cotidiana a exploração sexual de crianças e adolescentes, inclusive de pais abusando de suas filhas crianças e/ou adolescentes.

Não menos pior é o abuso estatal, decorrente de humilhações oriundas de pessoas não habilitadas para tratar de assunto sexual com crianças e adolescentes. Pensamos que, ao lado de pessoal especializado no Executivo, a competência para tratar do assunto, na justiça criminal, deveria ser do Juizado da Infância e da Juventude, e não de Varas Criminais como tem ocorrido. A Carta Federal de 1988 dispôs sobre a matéria, determinando que a lei puna *severamente* o abuso, a violência e a exploração sexual da criança e do adolescente (art. 227, § 4º).

O abuso e a exploração sexual ferem um leque de direitos fundamentais da criança e do adolescente, tais como: a dignidade, a imagem, o seu desenvolvimento físico e psíquico (mental, moral e espiritual), bem como seu direito de liberdade. Tais ilícitos violam o direito ao respeito (art. 17 do ECA), isto é, a integridade física, psíquica e moral da criança e do adolescente, viola-se seus valores, idéias e crenças.

As pesquisas sobre violência sexual contra crianças e adolescentes demonstram que os agredidos tanto são meninos quanto meninas.

Pesquisas realizadas pelo antigo Serviço de Advocacia da Criança de São Paulo, nos anos de 1993/4, dá conta de que a família aparece como a principal violentadora sexual contra crianças e adolescentes (62% dos casos analisados) através de atos cometidos principalmente contra meninas (83%). O pai é a figura principal (59%), violentando meninos e meninas, seguido pelo

Crimes contra a criança e o adolescente **143**

padrasto (25%). Nos demais casos, outros adolescentes e adultos, identificados ou não, são os responsáveis por 38% das violências sexuais.[149] No Brasil, o Código Penal dispôs a respeito da violência sexual contra crianças e adolescentes. A matéria era regulada ora diretamente (Lei nº 2.252/54, crime de corrupção de menores – art. 218 do Código Penal), ora indiretamente (agravante no crime praticado contra criança, art. 61, II, *h*, Código Penal ou na presunção de violência em crimes contra os costumes, art. 224 do Código Penal). A efetiva punição dos agressores quase se perdia no atropelo das normas.

Recentemente, o advento da Lei Federal nº 9.975, de 23 de junho de 2000, publicada no D.O. de 26-6-2000, acrescentou o art. 244-A à Lei nº 8.069/90 (Estatuto da Criança e do Adolescente), como tentativa de refrear essa exploração sexual de crianças e adolescentes e pode ser a solução para aquela panacéia de normas penais a respeito.

Art. 244-A. Submeter criança ou adolescente, como tais definidos no *caput* do art. 2º desta lei, à prostituição ou à exploração sexual:
Pena – reclusão de quatro a dez anos, e multa.

§ 1º. Incorrem nas mesmas penas o proprietário, o gerente ou o responsável pelo local em que se verifique a submissão de criança ou adolescente às práticas referidas no *caput* deste artigo.

§ 2º. Constitui efeito obrigatório da condenação a cassação da licença de localização e de funcionamento do estabelecimento.

Ao inserir artigo na lei estatutária com o mesmo número do dispositivo imediatamente anterior (art. 244)

---

[149] *Apud: Violentados. Crianças, Adolescentes e Justiça*, op. cit., p. 78.

e diferenciá-lo com letra maiúscula do alfabeto (art. 244-A) o legislador deu cumprimento às disposições da Lei Complementar nº 95, de 26.2.98 (art. 12), que dispõe sobre a elaboração, a redação, a alteração e a consolidação das leis, conforme determina o parágrafo único do art. 59 da CF (já alterada pela LC 107/2001). De qualquer sorte, o legislador confessa o atraso de dez anos na inserção de dispositivo penal mais claro na proteção sexual da criança e do adolescente.

• **Submeter criança ou adolescente**
O legislador se utilizou do verbo *submeter*, tal como havia feito no art. 232 do Estatuto. O verbo *submeter* significa *dominar, subjugar*,[150] a rigor, é *obrigar* uma criança ou um adolescente a fazer algo indevido, contra a própria vontade ou a fazer algo contrário à lei, mas com a conseqüência (querida) de exploração sexual da criança ou do adolescente.

Na espécie, ainda, a redação do artigo deixou a desejar, porque não precisava referir-se à definição de criança ou adolescente, fazendo remissão ao art. 2º *caput*, do ECA, porque isso é óbvio pelo próprio texto que se refere à lei estatutária. Não fez essa remissão nos demais artigos, não precisava fazê-lo no art. 244-A.

No caso, portanto, criança é a pessoa que tem doze anos de idade incompletos; adolescente é aquele que tem de doze a dezoito anos de idade. São os sujeitos passivos do crime, portanto.

• **à prostituição ou à exploração sexual**
A prostituição infantil, infelizmente, é uma realidade, que se dá nos mais diversos meios e locais. Ela tem várias raízes e encontra guarida em quase todas as camadas sociais. Ela surge da pobreza, da ignorância e da falta de atendimento do Estado às pessoas carentes;

---

[150] DINIZ, Maria Helena. *Dicionário*, vol. 4, *op. cit.*, p. 435.

Crimes contra a criança e o adolescente **145**

ora surge da violência familiar, como fruto da desagregação da família, ora surge pela fomentação ao consumismo desenfreado.

O crime em análise, a rigor, abrange a atividade do *caften* (Cafetão ou rufião), ou seja, aquele indivíduo que explora a prostituição. A prostituição de crianças e adolescentes não é nova. Na verdade, como narra Nickie Roberts,[151] no curso da História algumas mães chegaram ao ponto de encorajar as suas filhas a seguirem a vida da prostituição, como se fosse uma carreira que desse luxo e riqueza.

Prostituição é o comércio carnal de cunho sexual. No caso, dá-se a exploração do corpo de meninos e meninas, um verdadeiro comércio sexual, onde crianças e adolescentes trocam (ou são obrigadas a trocar) prazeres sexuais por pecúnia.

A *exploração sexual*, por seu turno, é toda a forma de aproveitamento sexual sobre alguma pessoa. Pode ser a exploração de forma comercial ou não. É todo tipo de atividade onde alguém usa o corpo de uma criança ou de um adolescente para tirar vantagens de caráter sexual, como diz o sociólogo uruguaio Gustavo Leal.[152]

Lourensz e Powell referem que a exploração sexual *é uma* das duas categorias de abuso sexual, sendo definida como: a) condutas ou atividades relacionadas à pornografia retratando menores; b) promoção ou tráfico de prostituição de menores ou c) coerção de menores à participação de atos obscenos.[153]

Neste aspecto, a exploração sexual seria um gênero, do qual sobressairiam as espécies previstas nos arts. 240 e 241 do ECA. Destarte, podemos entender que, pelo

---

[151] *In: As prostitutas na história.* Trad. Magda Lopes, RJ, Rosa dos Tempos, 1998, p. 40.
[152] *Apud*, Paulo Frota. *Considerações preliminares sobre a reparação do dano moral no abuso e na exploração sexual de crianças e adolescentes*, p. 331.
[153] *In: Tratado De Psiquiatria, op. cit.*, p. 2661.

146 *Antonio Cezar Lima da Fonseca*

princípio da especialidade, toda exploração sexual de criança e adolescente que não estiver tipificada nos arts. 240 e 241 do ECA, ou nos dispositivos do Código Penal, caberá neste art. 244-A.

A exploração sexual, ademais, pode consistir em condutas que se estendem por um período prolongado ou ser um incidente isolado, não importa.

Por outro lado, a concordância da criança ou do adolescente, seja com a prostituição ou com a exploração sexual, também desimporta à configuração do crime, porque são hipossuficientes em sua vontade. Aliás, a vontade de crianças e adolescentes só se perfectibiliza pela presença efetiva da vontade de pais ou responsáveis, que, no caso, se positivas, também seriam criminosas.

A criança e o adolescente não sofrem apenas pela prostituição e pela exploração sexual, mas também por outras agressões sexuais: estupro (art. 213, CP), atentado violento ao pudor (art. 214, CP), posse sexual mediante fraude (art. 215 e par. único do CP), atentado ao pudor mediante fraude (art. 216, par. único, do CP), rapto violento ou mediante fraude (arts. 219 e 220 do CP). Tais crimes não foram prejudicados pela edição deste crime e nem com ele se confundem.

O dispositivo em comento, a nosso sentir, revoga parcialmente o art. 230 do C. Penal, quando se refere ao crime de rufianismo contra criança e adolescente. Com efeito, afastou-se a restrição no que diz respeito à idade da vítima. Pelo Código Penal, apenas se a vítima fosse maior de 14 anos e menor de 18 anos de idade teríamos um crime qualificado, com pena de reclusão de três a seis anos e multa. Agora, o rufianismo – tirar proveito da prostituição alheia – contra criança ou adolescente (até dezoito anos de idade) é regido pelo art. 244-A, com pena superior: *reclusão de quatro a dez anos e multa*. Houve um agravamento da sanção penal, a demonstrar o acerto do legislador neste ponto.

Crimes contra a criança e o adolescente

Quanto ao crime de corrupção de menores (art. 218 do CP) é preciso alguma consideração, porque a corrupção pode ser entendida como uma forma de exploração sexual. Com efeito, quando o agente induz a criança à prática de atos de libidinagem está explorando-a sexualmente. Neste caso, dá-se a incidência do art. 244-A, e não do art. 218 do C. Penal.

Ato de libidinagem, como ensina Julio Fabbrini Mirabete, é o que provoca a libido, é o ato concupiscente, obsceno, capaz de suscitar no menor o senso dos prazeres carnais, a prática de ato ainda desconhecido, porque ainda não praticado pela vítima.[154] São aqueles atos que visam à satisfação das paixões lascivas do agente, independente da cópula.

> • **Incorrem nas mesmas penas o proprietário, o gerente ou o responsável pelo local em que se verifique a submissão de criança ou adolescente às práticas referidas no *caput* deste artigo.**

A lei estendeu a mesma pena (reclusão de quatro a dez anos e multa) aos agentes da prostituição infantil.

Via de regra, a prostituição infantil tem endereço certo, i.é, dá-se em estabelecimentos onde se proporcionam os encontros de caráter sexual com crianças e adolescentes. A lei responsabiliza não apenas o proprietário de tais locais, mas também àqueles que gerenciam o estabelecimento.

Essa prostituição pode dar-se não apenas nos locais denominados de *prostíbulos*, mas em qualquer casa, motel ou hotel, onde se verificar a exploração sexual de crianças e adolescentes. Desimporta se o local é de freqüência costumeira ou isolada; desimporta se o estabelecimento é comercial ou não, bastando que se trate de local certo e identificado como vetor da prostituição infantil.

---

[154] *In: Código Penal Interpretado, op. cit.*, p. 1292.

O *proprietário* é aquele que figura como dono da morada ou do estabelecimento. Claro, não basta ser proprietário para responder pelo crime, porque teríamos uma responsabilidade objetiva, inaceitável em direito penal. O proprietário deve estar envolvido no comércio sexual e determinado a proporcioná-lo, porque o crime é doloso.

Obviamente, podem ser responsabilizados o proprietário do local e seu gerente, forma concomitante, por crimes autônomos.

O *responsável* é todo aquele que "dirige" o local, independente da detenção de qualquer tarefa de gerência. Não se confunde nem com o *gerente*, nem com o proprietário do local. O gerente é aquele que tem uma tarefa específica de cunho comercial, de gerência, de direção ou administração em estabelecimento comercial. O responsável é aquele que recebe e acomoda a criança ou o adolescente para a tarefa de prostituição; é aquele que conduz os trabalhos no local da prostituição. Muitas vezes, ao lado do gerente, subsiste a figura desse "testa de ferro" no local da prostituição. Esse é o responsável de que trata a lei. Na existência de ambos no local, ambos podem ser responsabilizados autonomamente, mas desde que cientes e concordes com o ato criminoso, obviamente.

O crime é comissivo e doloso, admitindo-se tentativa.

Na hipótese do § 1º *o crime é próprio*, ou seja, *o agente ativo* do crime não é qualquer pessoa, mas há de se perquirir a condição de proprietário, gerente ou responsável pelo local da prostituição infantil.

Sujeitos passivos são a criança ou o adolescente, como está na descrição do tipo.

- **Constitui efeito obrigatório da condenação a cassação da licença de localização e de funcionamento do estabelecimento.**

Crimes contra a criança e o adolescente   **149**

A condenação "é o ato do juiz por meio do qual impõe uma sanção penal ao sujeito ativo de uma infração".[155]

A condenação produz efeitos principais (a reclusão, no caso) e secundários (é pressuposto da reincidência, *v.g.*). Na espécie, tornou-se *efeito obrigatório (efeito principal)* da condenação a cassação da licença de localização e de funcionamento do estabelecimento. A simples condenação, independente da manifestação judicial a respeito, ocasiona esses efeitos de cunho penal e repercussão administrativa.

A *cassação* é a retirada da ordem anteriormente concedida. O estabelecimento deve ser impedido de funcionar. Deve ter suas portas lacradas pela autoridade administrativa ou judicial.

Refere-se a norma, portanto, ao estabelecimento comercial, que é o único que exige a competente licença municipal.

Destarte, surgida a sentença penal condenatória, transitada em julgado, o agente ministerial deve providenciar pedido de expedição da ordem de cassação dos alvarás, que será comunicada ao setor competente do Município.

Obviamente, esse efeito obrigatório da sentença penal condenatória não afasta outro eventual efeito específico da sentença. Veja-se, *v.g.*, se o pai estiver envolvido na prostituição de sua filha, a sentença condenatória também tem o efeito de determinar-lhe a incapacidade para o exercício do pátrio poder (art. 92, II, do CP).

Não se pode olvidar, ainda, que a condenação nos termos deste artigo não só determina sanções administrativas contra estabelecimentos, como origina a necessária indenização na esfera cível, por dano material

---

[155] JESUS, Damásio de. *Direito Penal*, v.1, 24ª ed. SP, Saraiva, 2001, p. 639.

e/ou moral praticado contra a criança e o adolescente. É dever institucional do Ministério Público providenciar para que a criança tenha acesso a tais direitos, seja orientando os pais ou ajuizando as competentes ações e medidas.

Crimes contra a criança e o adolescente

151

Bibliografia

AZAMBUJA, Maria Regina Fay de. "Caminho percorrido pela criança vítima". *Revista Igualdade/MPPR*, Vol. 7, n. 25, Curitiba: NCI 1999.

———. "Criança: Sujeito de Direitos". *Apud, Nova Realidade do Direito de Família*, Tomo 2. Rio de Janeiro: IBDFAM/COAD, 1999.

AZEVÊDO, Eliane Elisa de Souza e. *O direito de vir a ser após o nascimento*. Porto Alegre: EDIPUCRS, 2000.

BITENCOURT, Cezar Roberto. *Manual de Direito Penal*. Parte Geral, vol. 1. São Paulo: Saraiva, 2000.

———; PRADO, Luiz Regis. *Código Penal Anotado e Legislação Complementar*. São Paulo: RT, 1997.

BITTENCOURT, Edgard de Moura. *Vítima. Vitimologia*. 3ª ed. São Paulo: Universitária de Direito, 1987.

BOUZON, Emanuel. *O Código de Hammurabi*, 4ª ed. Rio de Janeiro: Vozes, 1987.

CARVALHO, Jeferson Moreira de. *Estatuto da Criança e do Adolescente*. Manual Funcional. 2ª Ed. São Paulo: Juarez de Oliveira, 2000.

CHAVES, Antonio. *Comentários ao Estatuto da Criança e do Adolescente*, 2ª ed. São Paulo: LTr, 1997.

CURY, Amaral; SILVA, Mendez *et al. Estatuto da Criança e do Adolescente Comentado*, 3ª ed. São Paulo: Malheiros, 2001.

CURY, Garrido; MARÇURA. *Estatuto da Criança e do Adolescente Anotado*, 2ª ed. São Paulo: RT, 2000.

DELMONTE, Carlos. "A Perícia na tortura". *Apud, Justiça Penal* nº 5, São Paulo: RT, 1998.

ELIAS, Roberto João. *Comentários ao Estatuto da Criança e do Adolescente*. São Paulo: Saraiva, 1994.

———. *Pátrio Poder*. São Paulo: Saraiva, 1999.

EYMERICH, Nicolau. *Manual dos Inquisidores*. Trad. Maria José Lopes da Silva. Brasília: Ed. UNB/Rosa dos Tempos, 1993.

Crimes contra a criança e o adolescente

FILHO, Eduardo Espínola. *Código de Processo Penal Brasileiro Anotado*. Rio de janeiro: Ed. Rio, 1980.

FONSECA, Antonio Cezar Lima da. *Abuso de Autoridade*. Doutrina e Jurisprudência. Porto Alegre: Liv. do Advogado, 1997.

FONSECA, Joaquim da. *Comunicação Visual*. Glossário. Porto Alegre: Ed. UFRGS, 1990.

FRAGOSO, Heleno Cláudio. *Lições de Direito Penal*. Ed. atualizada por Fernando Fragoso. Rio de Janeiro: Forense, 1995.

FRANCO, Alberto da Silva. "Tortura – Breves anotações sobre a Lei 9.455/97". *Revista Brasileira de Ciências Criminais* n. 19, São Paulo: RT, 1997.

———; FELTRIN, Sebastião Roque. *Leis Penais Especiais e sua interpretação jurisprudencial*. São Paulo: RT, 1995.

GAMA, Guilherme Nogueira da. *A família no Direito Penal*. Rio de Janeiro: Renovar, 2000.

HUNGRIA, Nelson. *Comentários ao Código Penal*. Vol. I. Rio de Janeiro: Forense, 1983.

ISHIDA, Válter Kenji. *Estatuto da Criança e do Adolescente*. Doutrina e Jurisprudência, 2ª ed. São Paulo: Atlas, 2000.

JESUS, Damásio de. *Direito Penal*. 1º Vol. 24ª ed. São Paulo: Saraiva, 2001.

———. *Lei das Contravenções Penais Anotada*. São Paulo: Saraiva, 1995.

KAISER, Günther. *Introducción a la Criminologia*, 7ª ed. Madrid: Dykinson, 1988.

KAPLAN, Harold I; SADOCK, Benjamin J. *Tratado de Psiquiatria*, Vol. 3, 6ª ed., Trad. Dayse Batista e Outros. Porto Alegre: Artes Médicas, 1999.

LEVISKY, David Léo e outros. *Adolescência pelos caminhos da violência*. Org. David Léo Levisky. São Paulo: Casa do Psicólogo, 1998.

LIBERATI, Wilson Donizeti. *Comentários ao Estatuto da Criança e do Adolescente*, 5ª ed. São Paulo: Malheiros, 2000.

LOPES, Maurício Antonio Ribeiro. "O *Habeas Corpus* no Estatuto da Criança e do Adolescente". Apud, *Justiça Penal* n. 5, São Paulo: RT, 1998.

———. *Princípio da Legalidade Penal. Projeções Contemporâneas*. São Paulo: RT, 1994.

LUNA, Everardo da Cunha. "A arte e o obsceno". Fascículos de Ciências Penais v. 3, n. 4, Porto Alegre: Fabris, 1990.

MACHADO, Antonio Cláudio da Costa. *A intervenção do Ministério Público no Processo Civil Brasileiro*, 2ª ed. São Paulo: Saraiva, 1998.

MARQUES, José Frederico. *Tratado de Direito Penal*. Vols. I a III, atualizada por Antonio Cláudio Mariz de Oliveira e Outros. Ed. Millennium, 1999.

MIRABETE, Julio Fabbrini. *Código Penal Interpretado*. São Paulo: Atlas, 1999.

MÉNDEZ, Emilio Garcia; BELOFF, Mary. *Infância, Lei e Democracia na América Latina*. Vol. 1, Blumenau: Edifurb, 2001.

NOGUEIRA, Paulo Lúcio. *Estatuto da Criança e do Adolescente Comentado*. São Paulo: Saraiva, 1996.

PALAZZO, Francesco C. *Valores Constitucionais e Direito Penal*. Trad. Gérson Pereira dos Santos. Porto Alegre: Fabris, 1989.

PASSETTI, Edson, (org). *Violentados. Crianças, Adolescentes e Justiça*. 2ª ed. São Paulo: Imaginário, 1999.

PAULA, Paulo Afonso Garrido de. "O Ministério Público e os Direitos da Criança e do Adolescente". *Apud: Funções Institucionais do Ministério Público*. São Paulo: Saraiva, 2001.

PEDROSO, Fernando de Almeida. *Direito Penal*. 3ª ed. São Paulo: Leud, 2000.

PENTEADO, Jaques de Camargo. *A Família e a Justiça Penal*. São Paulo: RT, 1998.

PEREIRA, Tânia da Silva e Outros. *O melhor interesse da Criança um debate interdisciplinar*. Coord. Tânia da Silva Pereira. São Paulo: Renovar, 2000.

RELATÓRIO AZUL. Comissão de Cidadania e Direitos Humanos da Assembléia Legislativa do Rio Grande do Sul, 1995.

ROBERTS, Nickie. *As Prostitutas na História*. Trad. Magda Lopes. Rio de Janeiro: Rosa dos Tempos, 1998.

SARAIVA, João Batista Costa. *Adolescente e Ato Infracional*. Porto Alegre: Livraria do Advogado, 1999.

SHECAIRA, Sérgio Salomão. "Algumas Notas sobre a Nova Lei de Tortura". *Boletim do IBCCRIM* n. 54, São Paulo, 1997.

SILVA, José Afonso da. "Direitos Humanos da Criança". *RTDP-26*, São Paulo: Malheiros.

SILVA, José Luiz Mônaco da. *A família Substituta no Estatuto da Criança e do Adolescente*. São Paulo: Saraiva, 1995.

SILVA JUNIOR, Edison Miguel da. "Servir bebida alcoólica a menor de 18 anos: crime ou contravenção?". *Boletim IBCRIM*, n. 104, São Paulo, julho 2001.

TAVARES, José de Farias. *Direito da Família e do Adolescente*. Belo Horizonte: Del Rey, 2001.

TAVARES, Juarez. *As controvérsias em torno dos crimes omissivos*. ILACP, 1996.

Crimes contra a criança e o adolescente

TOLEDO, Francisco de Assis. "Sobre o crime de Tortura na recente Lei 9.455/97". *Apud, Justiça Penal* 5. São Paulo: RT, 1998.

TRANQÜILO, Caio Suetônio. *As vidas dos Doze Césares*. Trad. Sady-Garibaldi. Rio de Janeiro; Athena Editora, 1937.

VERRI, Pietro. *Observações Sobre a Tortura*. Trad. Federico Carotti, 1ª ed. São Paulo: Martins Fontes, 1992.

ZAVASCHI, Maria Lucrécia Scherer, *et al*. "Abuso sexual na infância: um desafio terapêutico". *Revista Psiquiatria*, RS, 13/136, 1991.

O maior acervo de livros jurídicos nacionais e importados

Rua Riachuelo 1338
Fone/fax: 0800-51-7522
90010-273 Porto Alegre RS
E-mail: livraria@doadvogado.com.br
Internet: www.doadvogado.com.br

Entre para o nosso *mailing-list*

e mantenha-se atualizado com as novidades editoriais na área jurídica

Remetendo o cupom abaixo pelo correio ou fax, periodicamente lhe será enviado gratuitamente material de divulgação das publicações jurídicas mais recentes.

Sim, quero receber, sem ônus, material promocional das NOVIDADES E REEDIÇÕES na área jurídica.

ome: _____

ıd.: _____

:P: _____-_____ Cidade _____ UF:____

ne/Fax: _____ Ramo do Direito
                          em que atua: _____

ra receber pela
ternet, informe seu **E-mail**: _____

_____
assinatura

Visite nosso *site*

www.doadvogado.com.br

ou ligue grátis
0800-51-7522

DR-RS
Centro de Triagem
ISR 247/81

CARTÃO RESPOSTA
NÃO É NECESSÁRIO SELAR

O SELO SERÁ PAGO POR

LIVRARIA DO ADVOGADO LTDA.

90012-999 Porto Alegre RS